Human Resource Handbook

人事・教育担当者のための

能力開発
教育体系
ハンドブック

Akira Kaise
海瀬 章

Kazuo Ichinokawa
市ノ川 一夫

日本能率協会マネジメントセンター

はじめに

　本書を手に取っていただいた皆様、ありがとうございます。

　本書は企業や団体、組織の人事・教育担当者を対象に、能力開発・教育体系の作り方、見直し方をわかりやすく懇切丁寧に解説したハンドブックです。

　「初めての方でも、自力で能力開発・教育体系を作ることができる」をコンセプトに執筆しました。

　近年、社員の成長と会社の発展を願って人材育成に取り組んでいる人事・教育担当者から、能力開発・教育体系はどのように作ればよいのか知りたいといったご相談を受ける機会が増えています。今どのような教育を行っているのか尋ねてみると、不本意ながらもその場のニーズ対応に追われていたり、以前から当然のように行われている研修をそのまま実施しているといった答えが返ってきます。

　そうしたやりとりの中で、果たしてこれでよいのだろうか、このような状況をなんとかしたいと考えている人事・教育担当者の切実な思いが伝わってきます。

　社員の成長なくして、企業の永続的発展はあり得ません。近年、経営トップは人材育成が経営目的実現のための重要課題と認識し、人材育成に力を入れています。能力開発・教育体系の構築や見直しが、トップオーダーとして人事・教育担当者に指示される背景には、こうした経営者の意識変化があります。

　残念なことに、能力開発・教育体系の作り方を解説した書籍はここ十数年間刊行されていません。人事・教育担当者には、どのように体系を作り、どのように見直せばよいのか、その手順と進め方についての情報が必要とされています。ぜひとも本書をお手元に置いて、人材育成の業務マニュアルとして常備いただければ幸いです。

　さて、本書は人材育成の羅針盤となる人材育成方針、能力開発・教育体系、教育計画づくりのための取り組み方や具体的な進め方・手順などについて解説します。これから自社の人材育成への取り組みを強化した

い、基盤となる能力開発・教育体系を整備したいという課題を抱えている人事・教育担当者の皆様の手引きとしてご活用いただきたいと思います。

また、本書は筆者が企業の人事・教育担当者と協力して人材育成、教育体系、教育計画の整備を数十社で実施した内容をもとに執筆しました。読者の皆様が実際に実施する際に活用いただけるチェックリスト、まとめ表などのフォーマットや事例を数多く入れていますのでご活用下さい。

本書の構成と内容は、第1章は人事・教育担当者の方々が理解する必要のある今の人材育成の課題、人材育成・能力開発の取り組み視点などについて解説します。第2章は自社の人材育成・能力開発の整備への取り組み方、その方法・手順を具体的に解説します。自社の人材育成方針や期待する人材像の作成、能力開発・教育体系、教育計画の策定などをどういった考え方でどのように作成していくかについて、人事・教育担当者が関係者と協力して進める手順やポイントを記述しています。さらに、教育調査を実施して人材育成や教育ニーズを把握する方法、人材育成方針、期待人材像の具体化のポイントや、能力開発・教育体系、教育計画作成の仕方などについて、具体化できるように解説しました。

第3章は、第2章で整備した能力開発・教育体系に基づく階層別教育、職能別教育、課題別（テーマ別）教育、フォローアップ教育などの組み立て方や、研修プログラム作成の仕方などについて説明します。各種の研修事例を取り上げて、その特徴などを紹介しています。第4章では、OJT推進の施策、自己啓発支援策、キャリア開発支援策などの諸施策について解説します。効果の高まる人材育成・教育を進めるために必要な、これらの諸施策と集合教育とを連動させた教育システムの検討を提案します。

読者の皆様が、人材育成に必要な羅針盤・設計図ともいえる能力開発・教育体系の自社版をご自身で作られ、1人ひとりの社員を期待する人材に育てていただくことを、心から願っております。

2017年11月吉日

海瀬　章

市ノ川　一夫

CONTENTS

はじめに ・・・・・・・・・・・・・・・・・・・・・・・ 3
目次・・・・・・・・・・・・・・・・・・・・・・・・・・・・ 5
図表リスト・・・・・・・・・・・・・・・・・・・・・・ 15

第1章 経営を支える人材育成

第1節 経営を支える人材育成の役割 ・・・・・・・・・ 22

１ 経営資源としての人材価値・・・・・・・・・・・・・・・ 22

２ 企業が取り組むべき人材育成課題と対応策・・・・・ 25

⑴経営幹部層、中核人材の育成と対応策・・・・・・・・・・ 27

⑵管理職層のマネジメント能力向上・・・・・・・・・・・ 27

⑶一般社員の育成課題と対応策・・・・・・・・・・・・・ 28

⑷組織能力の開発と対応策・・・・・・・・・・・・・・・・ 31

第2節 経営を支える人材育成の進め方 ・・・・・・・・ 35

１ 人材育成をトータルシステムとして捉える ・・・・・ 35

２ トータルシステムとしての人材育成の特徴 ・・・・・ 37

⑴長期的人材育成システムとしての教育・・・・・・・・・ 37

⑵求められる人材像の実現を図る教育・・・・・・・・・・ 37

３ トータルシステムでない教育の特徴 ・・・・・・・・ 38

４ トータルシステムで取り組む人材育成の5つの視点・・・ 39

⑴経営理念・戦略・方針と連動させた人材育成を展開する・・・ 39

⑵人材育成方針に基づく能力開発・教育の体系を整備する・・・ 41

⑶職場の人材育成支援を強化する・・・・・・・・・・・・ 42

5

⑷教育による社会的責任の遂行 ···················· 43

⑸自己啓発の促進 ··························· 43

5 人材育成の進め方 ························· 44

⑴人材育成のPDCAを回す ···················· 44

⑵ADDIEモデルを活用する ···················· 46

⑶HPIの考え方に学ぶ ······················· 47

第3節 人材育成の目的と効果 ···················· 49

1 人材育成の目的と期待される効果 ·············· 49

⑴企業（組織）にとっての教育目的と効果 ············ 50

⑵社員（個人）にとっての教育目的と効果 ············ 51

⑶人材育成・教育で習得すべき能力とは ············· 51

⑷人材育成の限界をわきまえる ·················· 53

第2章 能力開発・教育体系の作り方と見直し方

第1節 人材育成における教育体系の役割 ·········· 58

1 教育体系の役割と意義 ···················· 58

⑴教育体系とは ························· 58

⑵教育体系の役割、意義 ···················· 58

⑶教育体系の必要性、背景 ··················· 59

2 教育体系の構成 ······················· 60

3 教育体系策定の社内体制 ·················· 61

4 教育体系の策定手順と進め方 ················ 62

■手順1　人材育成・教育の現状確認 ··········· 64

⑴環境変化（外部環境・内部環境）から課題を確認する ···· 64

⑵経営からの課題を確認する ·················· 64

⑶人事、組織からの課題を確認する・・・・・・・・・・・・・・・・・ 65

■手順２　教育調査の実施・・・・・・・・・・・・・・・・・・・・・・・・ 65

⑴教育調査による成果の確認（全体のイメージ）・・・・・・・ 65

⑵教育調査計画の作成・・・・・・・・・・・・・・・・・・・・・・・・・・・ 65

⑶調査結果の分析、まとめ・・・・・・・・・・・・・・・・・・・・・・・ 66

■手順３　教育体系の構想（教育体系の全体設計）・・・・・ 66

⑴人材育成重点施策の把握・・・・・・・・・・・・・・・・・・・・・・・ 66

⑵人材育成方針、期待人材像、教育体系の設計・・・・・・・ 67

⑶教育体系内容の作成・・・・・・・・・・・・・・・・・・・・・・・・・・・ 67

⑷教育体系図の作成・・・・・・・・・・・・・・・・・・・・・・・・・・・・・ 67

■手順４　教育体系の詳細設計・・・・・・・・・・・・・・・・・・・・ 67

⑴教育実施計画の作成・・・・・・・・・・・・・・・・・・・・・・・・・・・ 67

5 教育体系の作成・見直し６つのポイント・・・・・・・・ 68

⑴経営からの期待の確認を必ず行う・・・・・・・・・・・・・・・・ 69

⑵人材育成方針や育成の方向を確認する
　〜人材育成の考え方を明確にする・・・・・・・・・・・・・・・・ 70

⑶教育ニーズの明確化・・・・・・・・・・・・・・・・・・・・・・・・・・・ 71

⑷教育体系の構想化・・・・・・・・・・・・・・・・・・・・・・・・・・・・・ 72

⑸教育体系図の作成・・・・・・・・・・・・・・・・・・・・・・・・・・・・・ 72

⑹教育実施計画の作成・・・・・・・・・・・・・・・・・・・・・・・・・・・ 73

6 教育体系の見直しのタイミングと進め方・・・・・・・・ 73

⑴教育体系の見直し時期・・・・・・・・・・・・・・・・・・・・・・・・・ 74

⑵全面的な見直しの進め方・・・・・・・・・・・・・・・・・・・・・・・ 74

⑶部分的な見直しの進め方・・・・・・・・・・・・・・・・・・・・・・・ 74

第2節 教育調査の方法と進め方・・・・・・・・・・・・・・・・・ 76

1 教育調査の目的と必要性・・・・・・・・・・・・・・・・・・・・・ 76

2 教育調査の種類と方法・・・・・・・・・・・・・・・・・・・・・・・ 77

3 資料分析調査の考え方と進め方・・・・・・・・・・・・・・・ 79

(1)調査の目的　(2)主な基礎資料‥‥‥‥‥‥‥‥‥‥‥‥　79

(3)資料分析の進め方　(4)資料分析の着眼点‥‥‥‥‥‥　80

(5)資料分析のまとめ方‥‥‥‥‥‥‥‥‥‥‥‥‥‥‥‥‥　81

4 **インタビュー調査の考え方と進め方**‥‥‥‥‥　84

(1)調査の目的　(2)調査の進め方　(3)インタビュー項目‥‥‥　84

5 **アンケート調査の考え方と進め方**‥‥‥‥‥‥　88

(1)調査の目的と活用方法　(2)アンケートの質問項目‥‥‥　88

(3)調査の留意点‥‥‥‥‥‥‥‥‥‥‥‥‥‥‥‥‥‥‥　89

(4)アンケートの集計・まとめ方‥‥‥‥‥‥‥‥‥‥‥‥　93

6 **業務洗い出しによる能力整理調査の考え方と進め方**‥‥‥　94

(1)調査の目的　(2)調査の方法と進め方‥‥‥‥‥‥‥‥‥　94

１．「能力スキルマップ法」による調査の考え方と進め方‥‥‥　95

(1)調査の進め方と手順‥‥‥‥‥‥‥‥‥‥‥‥‥‥‥‥　95

(2)調査結果の活用法‥‥‥‥‥‥‥‥‥‥‥‥‥‥‥‥‥　101

(3)業務洗い出しと能力整理調査のポイント‥‥‥‥‥‥‥　102

(4)業務洗い出し能力整理調査のまとめ方
　　～期待する役割と能力一覧の作成‥‥‥‥‥‥‥‥‥‥　104

２．「職業能力評価基準書」を活用する方法‥‥‥‥‥‥　107

(1)職業能力評価基準書とは‥‥‥‥‥‥‥‥‥‥‥‥‥‥　107

(2)活用方法とまとめ方‥‥‥‥‥‥‥‥‥‥‥‥‥‥‥‥　111

３．「職能要件書」を活用した能力整理の方法‥‥‥‥‥　112

7 **教育調査のまとめ方**‥‥‥‥‥‥‥‥‥‥‥‥‥　116

(1)「資料分析」「インタビュー」の内容整理・要約‥‥‥‥　116

(2)教育・人材育成の問題点、課題に対する対応策の整理‥‥‥　117

8 **調査実施の視点**‥‥‥‥‥‥‥‥‥‥‥‥‥‥‥　121

■視点１．育成課題の方向性や対象ごとの育成課題、
　　目標探索からの視点‥‥‥‥‥‥‥‥‥‥‥‥‥‥‥‥　121

■視点２．あるべき人材育成のあり方からの視点‥‥‥‥　123

■視点３．対象層からみた育成・教育の問題、
　　課題とあり方からの視点‥‥‥‥‥‥‥‥‥‥‥‥‥‥　124

9 教育調査報告書の作成 ·························· 125

(1)報告書作成の目的 ······························ 125

(2)報告書の目次・構成例 ·························· 126

第 **3** 節 教育体系の構想 ························· 127

1 人材育成方針の作成 ···························· 127

(1)人材育成方針とは ······························ 127

(2)人材育成方針に盛り込む内容 ·················· 127

(3)人材育成方針の要件、作成の留意点 ············ 128

(4)人材育成方針の例 ····························· 129

2 期待する人材像の作成 ························· 132

(1)期待する人材像とは ···························· 132

(2)作成する人材像の種類設定 ····················· 132

(3)作成する人材像の要件と作成ポイント ·········· 133

(4)期待する人材像の例 ···························· 133

3 期待する役割と能力体系の作成 ··············· 135

(1)期待する役割・能力とは ························ 135

(2)期待する役割と能力に盛り込む内容 ············ 136

(3)期待する役割・能力の作成ポイント ············ 136

(4)期待する役割・能力の事例 ····················· 139

4 教育体系内容の作成 ···························· 142

(1)教育体系内容とは ····························· 142

(2)教育体系内容の活用 ···························· 142

(3)教育体系内容の作成手順 ························ 142

(4)作成の留意点 ·································· 143

(5)教育体系内容の例 ····························· 143

5 教育体系図の作成 ······························ 145

(1)教育体系図とは ································ 145

(2)教育体系図のフレーム設定 ····················· 146

9

⑶集合教育（Off-JT）の教育体系への活用 ・・・・・・・・・ 147

⑷体系の一覧化（教育体系図）のポイント・・・・・・・・・・・ 148

⑸教育体系図の事例・・・・・・・・・・・・・・・・・・・・・・・・・・・・・・ 149

6 年度教育方針と年度教育計画の作成 ・・・・・・・・・・・ 152

⑴年度教育方針の作成 ・・・・・・・・・・・・・・・・・・・・・・ 152

⑵年度教育計画の作成・・・・・・・・・・・・・・・・・・・・・・・・・ 152

第4節 教育体系報告書の作成・・・・・・・・・・・・・・・・・・・・・ 156

1 報告書の構成・・・・・・・・・・・・・・・・・・・・・・・・・・・・・・・・・ 156

⑴教育体系に関する報告書の構成・・・・・・・・・・・・・・・ 156

⑵教育調査資料（付属資料）の構成・・・・・・・・・・・・・・・ 157

2 報告書の作成・・・・・・・・・・・・・・・・・・・・・・・・・・・・・・・・・ 157

⑴目次の作成・・・・・・・・・・・・・・・・・・・・・・・・・・・・・・・・・ 157

⑵用紙と文字の大きさ・・・・・・・・・・・・・・・・・・・・・・・・・・・ 157

第3章 教育体系の詳細設計 ～階層別・職能別・課題別教育計画の作成～

第1節 階層別教育計画の作成 ・・・・・・・・・・・・・・・・・・・・・ 162

1 階層別教育計画の設計 ・・・・・・・・・・・・・・・・・・・・・・ 162

⑴階層別教育の考え方・・・・・・・・・・・・・・・・・・・・・・・・・・ 162

⑵階層別教育への期待・・・・・・・・・・・・・・・・・・・・・・・・・・ 162

⑶階層別教育計画作成の進め方、留意点・・・・・・・・・・・・ 163

2 新入社員教育の計画・・・・・・・・・・・・・・・・・・・・・・・・・ 164

3 中堅社員教育の計画・・・・・・・・・・・・・・・・・・・・・・・・・ 169

4 監督職教育の計画・・・・・・・・・・・・・・・・・・・・・・・・・・・ 171

5 管理職教育の計画・・・・・・・・・・・・・・・・・・・・・・・・・・・ 175

6 選抜型次世代リーダー教育の計画・・・・・・・・・・・・・・・ 187

第 2 節　職能別（職種別・部門別）教育計画の作成 ··· 190

1 職能別教育全般について ························ 190
　(1)職能別教育の傾向 ······························· 190
　(2)職能別教育計画作成の留意点 ··············· 191
2 営業部門・マーケティング部門教育の計画 ····· 192
3 生産・技術部門教育の計画 ····················· 195
　(1)技術部門の研修 ······························· 195
　(2)生産部門の研修 ······························· 195
4 研究開発部門教育の計画 ······················ 197

第 3 節　課題別（目的別）教育計画の作成 ········· 199

1 課題別教育全般について ······················· 199
　(1)課題別教育の考え方 ··························· 199
　(2)課題別教育の方向 ····························· 199
2 課題別の研修に反映させたい４つの視点 ······· 200
　(1)コンプライアンス経営の理念を浸透させる ········ 200
　(2)チャレンジ人材、創造的人材を育成する ········· 201
　(3)目標管理、展開力を向上する ················· 202
　(4)OJT推進への対応を強化する ················· 203

第 4 節　フォローアップ教育の考え方と取り組み方 ··· 205

1 フォローアップ教育の目的 ····················· 205
2 フォローアップ教育の基本的進め方 ············ 206
3 フォローアップ教育の方法 ····················· 207
4 フォローアップ研修の具体例 ··················· 209
　(1)新入社員フォローアップ研修の事例 ··········· 209
　(2)OJT担当者フォローアップ研修の事例 ··········· 210
　(3)新任課長フォローアップ研修の事例 ··········· 211

11

第 5 節　研修プログラムの設計 ・・・・・・・・・・・・・・・・・・・・・ 213

1　研修プログラムの作成 ・・・・・・・・・・・・・・・・・・・ 213

⑴研修プログラム作成の進め方・・・・・・・・・・・・・・・・・・・・・ 213

⑵インストラクショナル・デザイン（ID）とは ・・・・・・・ 214

⑶ADDIEモデルを活用したプログラム作成手順の概要・・・ 214

2　研修プログラムの作成手順とポイント ・・・・・・・・・ 218

⑴研修の「目的」「ねらい」「内容」などの
基本スペックを明確にする・・・・・・・・・・・・・・・・・・・・・・・ 218

■手順1　研修ニーズの「分析」とコンセプト作成・・・・ 218

■手順2　設計・開発　～研修プログラムを組み立てる～ ・・・ 223

⑵ARCSモデルを活用してプログラムを設計する ・・・・ 228

⑶ガニエの9教授事象でプログラムを設計する・・・・・・・ 229

3　教育研修技法・・・・・・・・・・・・・・・・・・・・・・・・・・・・・・ 231

⑴教育研修技法の検討・・・・・・・・・・・・・・・・・・・・・・・・・・・ 231

⑵教育技法の選択・・・・・・・・・・・・・・・・・・・・・・・・・・・・・・ 231

⑶教育技法の種類と特徴・・・・・・・・・・・・・・・・・・・・・・・・・ 232

⑷研修プログラムの評価・チェック・・・・・・・・・・・・・・・・ 235

第 6 節　教育研修の効果測定と評価・・・・・・・・・・・・・・・・・ 236

1　効果測定と評価の取り組み・・・・・・・・・・・・・・・・・・ 236

⑴効果測定の考え方　⑵効果測定の目的・・・・・・・・・・・・ 236

⑶効果測定のフレーム・・・・・・・・・・・・・・・・・・・・・・・・・・・ 238

2　効果測定の方法 ・・・・・・・・・・・・・・・・・・・・・・・・・・・ 241

⑴効果測定方法の検討・・・・・・・・・・・・・・・・・・・・・・・・・・・ 241

⑵効果測定の実施時期・・・・・・・・・・・・・・・・・・・・・・・・・・・ 244

3　アンケート用紙（質問項目）の設計 ・・・・・・・・・・・ 244

⑴反応レベル（レベル1）の質問項目・・・・・・・・・・・・・・・ 245

⑵学習レベル（レベル2）の質問項目・・・・・・・・・・・・・・・ 246

(3)行動レベル（レベル３）の質問項目・・・・・・・・・・・・・・・ 246

(4)今後の研修企画や評価に役立つ質問 ・・・・・・・・・・・ 247

(5)実施上の留意点・・・・・・・・・・・・・・・・・・・・・・・・・・・・・・・ 247

第4章 人材育成諸施策の考え方と具体化

第1節 人材育成諸施策の考え方と進め方・・・・・・・・ 250

1 経営・人事との一体化で展開・・・・・・・・・・・・・・・ 250

(1)役割・資格制度と人材育成・・・・・・・・・・・・・・・・・・・・ 251

(2)育成型人事考課により、人材育成を強化する・・・・・・・ 251

(3)目標管理を活用して現場で人材育成を進める・・・・・・ 252

(4)昇進・昇格制度、専門職制度（プロフェッショナル制度）
と人材育成策・・・・・・・・・・・・・・・・・・・・・・・・・・・・・・・ 252

(5)自己申告制度と人材育成の連動・・・・・・・・・・・・・・・・ 253

(6)配置・ローテーションを通して、個々人の職務充実、
職務拡大につなげる・・・・・・・・・・・・・・・・・・・・・・・・・ 253

2 人材育成としての教育の３本柱を整備・・・・・・・・ 254

3 集合教育は階層別・職種別・課題別で組み立てる・・・ 256

(1)階層別教育　(2)職種別教育・・・・・・・・・・・・・・・・・・ 256

(3)課題別（テーマ別）教育　(4)集合教育（Off-JT）の特徴・・・ 256

(5)集合教育を組み立てる際の留意点・・・・・・・・・・・・・・ 258

**4 職場内教育はOJT能力の向上、OJT体制の整備に
より展開**・・・・・・・・・・・・・・・・・・・・・・・・・・・・・・・・・・ 258

(1)OJTの考え方、進め方　(2)OJTの特徴・・・・・・・・・・・ 258

(3)OJTの主要施策　(4)OJT推進の体制・・・・・・・・・・・・ 260

(5)OJT指導者の心構えと役割　(6)OJT推進の留意点・・・ 262

(7)OJTマニュアルの目次例・・・・・・・・・・・・・・・・・・・・・ 264

13

5 自己啓発は個人への意欲喚起と支援・援助制度に
より促進 ·· 267

(1)自己啓発とは (2)自己啓発の特徴 ················· 267

(3)自己啓発の主な方法 (4)自己啓発支援制度と促進策 ··· 267

(5)自己啓発の進め方のポイント ······················ 268

(6)自己啓発制度や講座選定時のポイント ············· 269

(7)自己啓発の援助策 ································· 269

(8)公的・民間資格の取得支援制度 ···················· 271

6 キャリア開発は仕組みづくりと能力開発機会に
より展開 ·· 272

(1)キャリア開発の考え方と進め方 ···················· 272

(2)キャリア開発支援の設計 ·························· 272

(3)キャリア開発研修の企画 ·························· 273

7 人材育成に関連する法改正への対応 ··········· 275

(1)女性社員の活躍推進法への対応 ···················· 275

(2)「働き方改革」への対応 ·························· 276

(3)ストレスチェック制度への対応 ···················· 276

(4)コンプライアンスと社会的責任への意識付け ········ 277

第**2**節 **人材育成担当者に期待される役割と
求められる能力** ··· 278

1 人材育成担当者に期待される役割と能力 ········ 278

(1)人材育成担当者に期待される３つの役割と能力 ····· 278

(2)人材育成の担い手として貢献する ················· 280

(3)組織と個人への期待に応える ····················· 280

(4)人材育成担当者の職務内容 ························ 281

おわりに ·· 284

参考文献 ·· 285

図表リスト

001 当面する企業経営課題 ・・・・・・・・・・・・・・・・・・・・・・・・・・・・・・・23

002 現状の「採用・人材育成・配置・人材ポートフォリオ」での課題 ・・・・・・24

003 現状の「組織・制度・仕組み・システム」面での課題 ・・・・・・・・・・・・・25

004 企業が取り組むべき人材育成課題 ・・・・・・・・・・・・・・・・・・・・・・・・26

005 重視する管理職層のマネジメント能力 ・・・・・・・・・・・・・・・・・・・・・28

006 主な人材育成課題と対応策の方向 ・・・・・・・・・・・・・・・・・・・・・・・32

007 人材マネジメントシステムの全体構造 ・・・・・・・・・・・・・・・・・・・・・36

008 人材育成の取り組み視点 ・・・・・・・・・・・・・・・・・・・・・・・・・・・・40

009 人材育成のPDCAサイクル ・・・・・・・・・・・・・・・・・・・・・・・・・・45

010 ADDIEモデル ・・・・・・・・・・・・・・・・・・・・・・・・・・・・・・・・・46

011 能力開発・教育の多面的効果 ・・・・・・・・・・・・・・・・・・・・・・・・・50

012 マネジメントに求められる能力（ロバート・カッツのモデル）・・・・・・・52

013 組織が取り組むべき７つの育成課題と対象となる能力 ・・・・・・・・・・・・54

014 教育体系の構成要素 ・・・・・・・・・・・・・・・・・・・・・・・・・・・・・・61

015 教育体系の策定手順 ・・・・・・・・・・・・・・・・・・・・・・・・・・・・・・62

016 教育体系の策定手順の概要 ・・・・・・・・・・・・・・・・・・・・・・・・・・63

017 教育体系作成・見直しのチェックポイント ・・・・・・・・・・・・・・・・・・68

018 教育調査の方法 ・・・・・・・・・・・・・・・・・・・・・・・・・・・・・・・・78

019 資料分析の着眼点 ・・・・・・・・・・・・・・・・・・・・・・・・・・・・・・・81

020 資料分析およびインタビュー調査のまとめ表の例 ・・・・・・・・・・・・・・83

021 対象者別のインタビュー項目例 ・・・・・・・・・・・・・・・・・・・・・・・・86

022 インタビュー調査のまとめ表の例 ・・・・・・・・・・・・・・・・・・・・・・・87

023 アンケート調査票の例 ・・・・・・・・・・・・・・・・・・・・・・・・・・・・・90

024 「人材育成に関するアンケート調査」報告書の目次例 ・・・・・・・・・・・・93

025 作業ラベル ・・・・・・・・・・・・・・・・・・・・・・・・・・・・・・・・・・96

026 ラベル記入例 ・・・・・・・・・・・・・・・・・・・・・・・・・・・・・・・・・97

027 業務名と業務内容の記入例 ・・・・・・・・・・・・・・・・・・・・・・・・・・97

028 業務洗い出し能力整理作業表１ ・・・・・・・・・・・・・・・・・・・・・・・・98

029 業務洗い出し能力整理作業表２ ・・・・・・・・・・・・・・・・・・・・・・・・99

030 業務洗い出し能力整理作業表３ ・・・・・・・・・・・・・・・・・・・・・・・・99

031 業務洗い出し能力整理作業表４ ・・・・・・・・・・・・・・・・・・・・・・・100

032 業務洗い出し等級別能力一覧表１ ・・・・・・・・・・・・・・・・・・・・・・100

033	業務洗い出し等級別能力一覧表2	101
034	社員別業務遂行能力一覧表	102
035	期待する役割と求められる能力（階層別）まとめ表	104
036	期待する役割と求められる能力一覧の例	105
037	期待する役割と求められる能力（職能別）まとめ表	106
038	職能別能力一覧表の例	106
039	職業能力評価基準（事務職人事企画業務レベル2の職務基準）	108
040	職業能力評価基準（人事企画・雇用管理業務レベル1の職務基準）	109
041	職業能力評価基準書を活用した職能要件書の例	110
042	資格等級別職能要件と能力洗い出し表	113
043	資格等級別職能要件と能力一覧表の例	114
044	教育調査のまとめ表	118
045	教育調査のまとめ表の例	119
046	教育・人材育成対応表	120
047	教育・人材育成対応表の記入例	120
048	教育調査実施の視点	121
049	A社の人材育成方針	129
050	B社の人材育成方針	130
051	C社の教育理念	131
052	A社の期待人材像（全社）	133
053	B社の期待人材像	134
054	C社の職種別期待人材像	135
055	階層のまとめ方（例）	137
056	職種のまとめ方（例）	137
057	職層別役割と能力の一覧表（例）	138
058	A社の役割と遂行能力一覧表	139
059	B社の段階ごとの役割・期待能力例	140
060	教育体系内容の例	144
061	教育体系図の例	146
062	教育体系図　事例1	149
063	教育体系図　事例2	150
064	教育体系図　事例3（階層別集合教育）	150
065	年度教育計画書の例	154
066	応募型社外セミナー年度計画書の例	155

067 教育体系報告書の目次例 ・・・・・・・・・・・・・・・・・・・・・・・・・・・・・・159

068 新入社員教育の全体デザイン ・・・・・・・・・・・・・・・・・・・・・・・・166

069 新入社員研修プログラム事例 ・・・・・・・・・・・・・・・・・・・・・・・・167

070 新入社員フォローアップ研修プログラム事例 ・・・・・・・・・・168

071 中堅社員研修プログラム事例1 ・・・・・・・・・・・・・・・・・・・・・・170

072 中堅社員研修プログラム事例2 ・・・・・・・・・・・・・・・・・・・・・・171

073 監督者研修プログラム事例・・・・・・・・・・・・・・・・・・・・・・・・・・・173

074 監督者訓練プログラム（TWI-4J）事例・・・・・・・・・・・・・・173

075 リーダーシップ開発研修プログラム事例・・・・・・・・・・・・・・174

076 新任管理職研修プログラム事例1 ・・・・・・・・・・・・・・・・・・・・178

077 新任管理職研修プログラム事例2 ・・・・・・・・・・・・・・・・・・・・179

078 労務管理研修のプログラム事例「労務管理の基本」・・・・・・・180

079 人事考課者研修プログラム事例 ・・・・・・・・・・・・・・・・・・・・・・181

080 中級管理職研修プログラム事例 ・・・・・・・・・・・・・・・・・・・・・・183

081 管理能力開発研修プログラム事例・・・・・・・・・・・・・・・・・・・・184

082 上級管理職研修プログラム事例 ・・・・・・・・・・・・・・・・・・・・・・186

083 経営幹部層戦略力強化研修プログラム事例 ・・・・・・・・・・・・187

084 経営幹部育成研修プログラム事例・・・・・・・・・・・・・・・・・・・・189

085 各部門が抱えている課題 ・・・・・・・・・・・・・・・・・・・・・・・・・・・192

086 マーケティング研修プログラム事例 ・・・・・・・・・・・・・・・・・・193

087 販売戦略研修プログラム事例 ・・・・・・・・・・・・・・・・・・・・・・・・194

088 営業力強化研修プログラム事例 ・・・・・・・・・・・・・・・・・・・・・・194

089 5S研修プログラム事例 ・・・・・・・・・・・・・・・・・・・・・・・・・・・・196

090 監督者のコストダウン研修プログラム事例 ・・・・・・・・・・・・197

091 品質管理研修プログラム事例 ・・・・・・・・・・・・・・・・・・・・・・・・197

092 開発中堅リーダー研修プログラム事例 ・・・・・・・・・・・・・・・・198

093 開発実践研修プログラム事例 ・・・・・・・・・・・・・・・・・・・・・・・・198

094 コンプライアンス研修プログラム事例 ・・・・・・・・・・・・・・・・201

095 課題解決研修プログラム事例 ・・・・・・・・・・・・・・・・・・・・・・・・202

096 目標管理研修プログラム事例 ・・・・・・・・・・・・・・・・・・・・・・・・203

097 マンツーマン指導員研修プログラム事例・・・・・・・・・・・・・・204

098 フォローアップ教育の関連図 ・・・・・・・・・・・・・・・・・・・・・・・・206

099 フォローアップ研修の進め方 ・・・・・・・・・・・・・・・・・・・・・・・・207

100 フォローアップの方法一覧・・・・・・・・・・・・・・・・・・・・・・・・・・208

101	新入社員フォローアップ研修プログラム事例	210
102	OJT担当者フォローアップ研修プログラム事例	211
103	新任課長フォローアップ研修プログラム事例	212
104	ADDIEモデル(再掲)	215
105	研修プログラムの作成手順	216
106	研修設計仕様書の例	219
107	研修設計仕様書の8つの窓情報	220
108	研修設計計画書の例	221
109	プログラムとスケジュール例	222
110	プログラムの構成イメージ	223
111	「総論・概論から、各論に展開する」	224
112	「総論・概論から、各論に展開する」のプログラム例	225
113	「大項目から中項目、中項目から小項目へ展開する」	225
114	「大項目から中項目、中項目から小項目へ展開する」のプログラム例	226
115	「事例から原理・原則へ展開する」	226
116	「事例から原理・原則へ展開する」のプログラム例	226
117	「基本から応用項目へ展開する」	227
118	「基本から応用項目へ展開する」のプログラム例	227
119	「理論から実践へと展開する」	227
120	「過去・現在から未来へと展開する」	228
121	ARCSモデル(J.M.ケラー)	228
122	ガニエの9教授事象	230
123	教育技法の種類と特徴	232
124	教育技法と能力区分の効果的組み立て	234
125	研修プログラムのチェックリスト	235
126	効果測定レベル4のフレームワークと測定方法	239
127	レベル別効果測定の方法	242
128	対象別測定方法	243
129	教育内容と測定方法の組み合わせ	243
130	アンケート用紙の例	248
131	経営と人事に関する人材教育体系	250
132	教育の3本柱	255
133	集合教育・SD・OJTのメリットとデメリット	255
134	OJT推進の全体像	263

135 「OJTマニュアル」の目次例1 ・・・・・・・・・・・・・・・・・・・・・・・・・・・265

136 「OJTマニュアル」の目次例2（『OJT実践マニュアル』）・・・・・・・・ 266

137 企業における自己啓発支援内容 ・・・・・・・・・・・・・・・・・・・・・・・・270

138 自己啓発の実施方法・・・・・・・・・・・・・・・・・・・・・・・・・・・・・・・・・271

139 キャリア開発研修の事例 ・・・・・・・・・・・・・・・・・・・・・・・・・・・・・274

140 人材育成担当者に求められる3つの役割・・・・・・・・・・・・・・・・・・・279

141 人材育成担当者に求められる知識・技術・能力・・・・・・・・・・・・・・・283

ダウンロードサービスについて

　本書の特典として、能力開発・教育体系策定時に使える各種フォーマットを下記のサイトよりダウンロードしていただくことができます。

　フォーマットは本文中にある〈図表〉番号に対応しております。

　なおダウンロードできるフォーマットは、本書に掲載している図表の一部です。すべての図表ではありませんので、ご了承ください。

◆ダウンロードサイトURL

http://www.jmam.co.jp/pub/2624.html

第 1 章

経営を支える
人材育成

　企業経営の目的は長期の成長発展にあります。企業は目的実現のため、経営理念や経営計画に基づく戦略遂行によって利潤を上げ続け、最大化することを目指します。

　グローバルに変化する経営環境のもとで、適切な経営戦略・事業戦略を立て実行に移すためには、社員１人ひとりが経営理念やビジョン、戦略をよく理解し、計画倒れに終わらせないことが求められます。

　生き残りをかけた熾烈な競争下においては、戦略と実行の巧拙が企業の成敗を決します。優れた経営戦略・戦術の構築と、実行を担える人材の確保と育成・活用は、企業の命運を左右する経営の最重要課題といえます。

第 **1** 節　経営を支える 人材育成の役割

1 経営資源としての人材価値

　1990年代初頭にバブルが崩壊した日本経済は、その後の失われた20年といわれる長い低迷期を経て、近年ようやくデフレ脱却の兆しが見え始めました。その間に、日本を取り巻く経営環境はグローバル化やネットワーク化の進展による熾烈な競争激化が進み、各企業は経営目的である長期の維持発展はおろか、存続・継続すること自体が難しい時代を乗り越えようと、懸命の努力を行っています。

　複雑化する市場環境の中で、企業が対応を余儀なくされている経営課題は山積しています。こうした厳しい経営環境下において、企業が経営目的を実現するためには一体何が重要なのでしょうか。

　企業はヒト・モノ・カネ・情報などの経営資源を活用して、経営目的の実現を果たさねばなりません。より優位に競合他社に打ち勝つための戦略を構築し実行しうる主体、社会の公器である企業の社会的責任を果たす主体は、言うまでもなく、人材にほかなりません。

　人こそ、唯一ほかの経営資源を活用しうる存在であり、自らの能力を成長させ変化に柔軟に対応可能な能力を持ちうる唯一の経営資源 ―〝人材〟なのです。

　優秀な人材をいかに確保し、いかに育成・活用して経営目的を実現するかは、経営においてきわめて重要な課題です。

　一般社団法人日本能率協会が実施している『当面する企業経営課題に関する調査』によれば、2017年度の経営課題の第1位は「収益性向上」（42.1％）、第2位が「売り上げ・シェアの拡大」（36.8％）、第3位が「人材の強化（採用・育成・多様化への対応)」（35.9％）となっています。

22

企業は経営課題として、人材強化（採用・育成・多様化）を極めて重要視していることがうかがわれます。〈図表001〉

〈図表001〉　当面する企業経営課題

%

1位	収益性向上	42.1
2位	売り上げ・シェア拡大	36.8
3位	人材の強化（採用・育成・多様化への対応）	35.9
4位	新製品・新サービス・新事業の開発	26.1
5位	事業基盤の強化・再編、事業ポートフォリオの再構築	23.1

出所：一般社団法人日本能率協会2017年度「第38回当面する企業経営課題に関する調査」結果より抜粋

　2017年度にHR総合研究所が行った『人事の課題とキャリアに関する調査』をテーマにした「採用・人材育成・配置・人材ポートフォリオ」における人的資源管理の軸と、「組織・制度・仕組み・システム」における組織管理の軸での調査によると、前者では上位から「次世代リーダーの育成」（62%）、新卒採用（56%）、中途採用（54%）となり前年度と同様の順位となっています。〈図表002〉

　また、後者では上位から「従業員のモチベーションの維持・向上」（43%）、「評価の定着・評価者スキルの向上」（41%）、「教育体系・能力開発の導入・改定」（41%）という状況です。従業員の士気を高め、教育体系に基づく人材育成・能力開発を進めていくことが課題であると認識されています。〈図表003〉

〈図表002〉 現状の「採用・人材育成・配置・人材ポートフォリオ」での課題

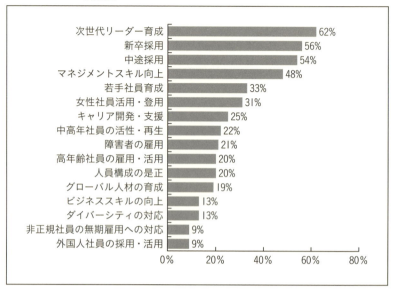

出所：HR総合研究所：2017「人事の課題とキャリアに関する調査」

〈図表003〉 現状の「組織・制度・仕組み・システム」面での課題

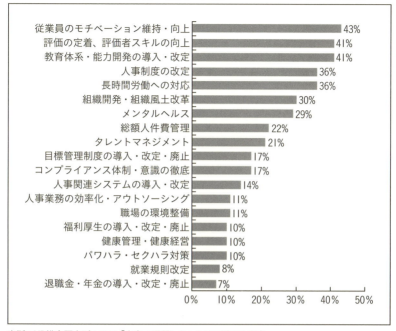

出所：HR総合研究所：2017「人事の課題とキャリアに関する調査」

　企業は、絶え間なく変化する環境に最適な打ち手を施し、競争に打ち勝って売上・利益を上げ続けていくために、優秀な人材の確保と育成による能力開発（知識・技術力・情報力・マネジメント力）が必要不可欠であることを、多くの企業が認識しています。

　各企業は人材確保を優先課題として取り組んでいる反面、人材の育成やモチベーションの維持・向上、中長期視点に立った育成施策が課題となっていることがうかがえます。

2　企業が取り組むべき人材育成課題と対応策

　最近の調査結果を通して、企業は常に変化する経営環境に生き残るために、優秀人材の確保と育成が大きな経営課題であることがわかりまし

た。

　次に、企業が直面している人材育成の諸課題について整理しておきましょう。企業や組織はいくつかの階層や職能からなり、それぞれに期待される職務と責任・権限を持って職務を遂行しています。階層・職能という組織機能から人材育成の課題を整理すると、次の4点に大別されます。

　①企業を担う柱である経営幹部層、ビジネスリーダー、中核人材の育成課題
　②管理職層のマネジメント能力・リーダーシップ能力向上の育成課題
　③一般社員の職務遂行能力、対人関係力強化の育成課題
　④組織の活性化のための組織能力の開発

〈図表004〉　企業が取り組むべき人材育成課題

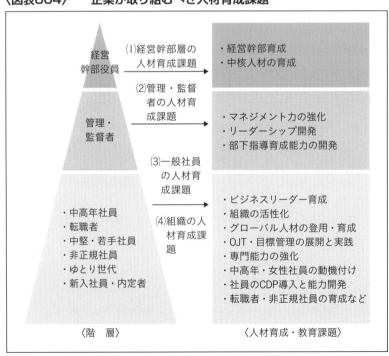

▶（1）経営幹部層、中核人材の育成と対応策

　1点目は経営幹部層における育成課題です。急速に変化するグローバルな競争市場において、的確な意思決定と決断実行できる経営人材・リーダーをいかに育成するかという課題です。経営戦略の立案・実行を担い、業績の向上を実現する人材の育成は経営の重点課題の1つです。

　企業変革や新事業開発の中枢となり、組織を変革してイノベーションを興せる人材の育成は、企業の成長・発展の要でありグローバル競争を勝ち抜く上で喫緊の課題です。

　経営幹部の育成や次代を担う次期経営者の育成を目的に、事業センスと事業運営能力の向上を図るための施策が求められています。

　施策の方向としては、従来の人材育成策にとらわれない、早い段階からの選抜された経営人材候補者や次世代経営幹部選抜候補者への早期育成プログラム、幅広い実務体験をセットにした中長期に取り組む育成プログラムが期待されています。

▶（2）管理職層のマネジメント能力向上

　2点目は、管理者のマネジメント能力向上です。戦略・方針の浸透や経営目標を自職場の目標に落とし込み、いかに実行して成果を上げるか、職場のメンバーへの能力開発やモチベーション向上をいかに図るかといった管理者の手腕が問われています。

　どのような経営環境下でもリーダーシップを発揮し、職場組織のメンバーに働きかけてモチベーションを高め、自職場の目標を実現する管理者の育成はすべての企業で優先すべき課題です。とはいえ、従来の減私奉公的な働き方の強要や指示・命令型のリーダーシップでは、若手や部下のモチベーションを高めることは難しく、支援型のリーダーシップへの転換を自ら取り組むことなど、マネジメントスタイルのあり方やスタンスの見直しを図ることも期待されています。

　施策の方向としては、管理者になる手前からマネジメントの基本知識やスキルを習得させ、職場において管理者のフォローや代行を経験させること、スキル習得に偏らずに人間としての魅力を備えた信頼される管

理者の育成が肝要です。

〈図表005〉 重視する管理職層のマネジメント能力

能力	割合
部下指導育成能力	59.9%
計画実行力	51.4%
リーダーシップ	48.6%
コミュニケーション能力	39.1%
問題発見解決能力	35%
目標設定能力	14.6%
計画立案能力	10.5%
自己革新能力	9.9%
統率力	8.3%
法令順守	7.1%

出所：2015年度　一般社団法人日本能率協会　「当面する企業の経営課題調査」

▶（3）一般社員の育成課題と対応策

　3点目は一般社員に対する育成課題です。少子高齢化が急速に進む日本においては、若手・中堅社員のキャリア開発、女性社員の育成と活用、中高年社員の動機づけや技術の伝承などの対応が求められています。

　さらに雇用形態の多様化が進む中で、非正規社員への動機付けや能力開発に先手を打って対応することが避けられません。一般社員の育成課題として、以下の8項目が挙げられます。

　①ゆとり世代の育成

　　　ゆとり教育を受けた若手社員の指導育成のあり方が、職場の管理者やOJTリーダーに問われています。新しい価値観や生活スタイルを持った若手社員への指導にあたっては、思い込みや先入観にとらわれずに、良い面も見ながら、かけがえのない人材として大切に育てることが大切です。

　②若手・中堅社員へのCDP導入と育成・能力開発

　　　若年・中堅社員層を対象に、自らが将来に向けて目指す人材像の実現に向けて、計画的・長期的に能力開発に取り組むCDP（キャ

リア・ディベロプメント・プログラム）の推進がますます期待されています。

　同時に、若手・中堅社員に向けたキャリア教育を通して、将来を見据えた職務遂行能力の向上など、啓発意欲の醸成や専門職制度の導入などのキャリア開発支援策、人事制度の見直しが求められています。

　企業は中長期の視点に立った社員の育成ビジョンやキャリアパスを用意することや、計画的にさまざまな仕事や経験の場の提供、ローテーションや社内公募制の導入など、学びと成長につながる機会提供が求められています。

③OJT（職場内教育）の強化・定着

　管理・監督者に対するOJT能力の向上と、OJT制度の定着、浸透の側面から、OJTの見直しと再構築の必要性が高まっています。成果主義の浸透やIT技術の高度化などにより、個人成果偏重の考え方、職場環境の変化によるチームワークや部下・後輩への育成力が低下し、職場でのOJTが機能しにくくなっています。

　一方でベテラン社員の退職による技術・技能の継承も課題となっています。

　日本が築き上げてきた高品質な技術力、高付加価値な製品・サービスを提供し続けていく上で、ベテラン社員の持つ知識・技術・技能を伝承する場としての職場において、仕事を通じた育成＝OJTの再構築が求められています。

④女性社員や非正規社員への動機付け

　働く女性社員の増加や、多様化する雇用形態の異なる社員の育成と動機づけ、活用と処遇のあり方などの対応は、少子高齢化の中で人的資源としての観点からも、いやおうなく企業に求められています。

　2011年、女性活躍推進の法制化による女性社員の採用、育成、評価、処遇などの対応が企業に義務付けられました。育児休暇の取得奨励策や短時間勤務制度など、職場復帰プログラムの取り組みの一

環として、ワークライフバランスの促進策や契約社員の正社員登用策など、雇用形態や働き方の見直しが進められています。従来の均一的なマネジメントや長時間労働から、異質で多様な価値観を持った社員の採用・育成・活用を行い、モチベーション向上と生産性向上を図ることが企業に求められています。こうした環境変化の中、ダイバーシティへの対応は、社員の意識、とりわけ経営幹部・管理者の意識変革が課題となっています。

⑤グローバル化に伴う海外要員の育成～グローバル人材の登用・育成

　グローバル競争の下で、ビジネスチャンスを活かして海外市場でのビジネスを担える人材の登用・育成と人事制度の見直しが求められています。人口減少が加速する国内市場から海外へ進出するケースや、訪日外国人客の急増に対処するために、外国語研修や異文化理解、外国人社員の採用・育成などの対応に追われるケースが増えています。2020年の東京オリンピック・パラリンピック開催に向けた、臨機応変な教育研修の対応も求められています。

⑥中高年社員の活性化と育成

　2013年の「改正高年齢者雇用安定法」の施行により、65歳までの雇用が企業に義務付けられる中、高年齢社員の活性化や働き方・役割の再認識、モチベーションの向上、若手社員への指導・技術伝承の役割期待など、制度の見直しや意識付けが求められています。

　また、55歳時の役職定年制による職務転換や役職変更に伴う中高年社員に対して、若手社員への技術伝承や指導・育成といった役割期待や意識づけ、動機づけがますます重要となります。

⑦中途採用者の育成

　労働市場の流動化による、中途採用者の増加に対応した人事処遇と育成のあり方がより一層求められています。学卒者の3割強が3年以内に転職する昨今は、積極的な社会人の中途採用と処遇の是正策、職務に必要な研修の随時実施などが必要です。プロフェッショナル人材の確保・活用は、企業の人事施策においてますます重要性を増すものと考えられます。

⑧専門力の強化と育成

　　他社が追随できない高い技術力と開発力や高い顧客満足の提供な
　ど、高付加価値を提供できるプロフェッショナル人材の育成と若手
　社員への技術継承が急務となっています。

▶（4）組織能力の開発と対応策

　4点目は組織能力の向上です。かつて日本では成果主義の導入が進み、
個人の成果が問われ、結果として組織やチームへの貢献や職場の中で人
材を育成するOJTが機能しにくくなるなど、組織能力の弱体化が指摘さ
れていました。この反動から、人と人の関係性にアプローチし、組織風
土の改革や活性化、社員1人ひとりのモチベーションの向上に取り組む
企業が増えています。

①組織の活性化

　　個人の業績成果志向の反動による組織やチームの活性化、組織風
　土変革への必要性の高まりを受け、小集団活動の見直しや経営トッ
　プ・幹部との対話、意見発表会や提案制度、キャリア開発支援制度
　や社内FA制度などのさまざまな活性化策を取り入れる企業が増え
　ています。

　　少子高齢化や多様な人材を抱えざるを得ない企業が、この複雑多
　様な社会において企業目的を果たすためには、従来の考え方や制
　度・仕組みのままでは立ちいかなくなることは、言うまでもありま
　せん。程よい個人主義にもとづく自立した人材の集合体として、取
　り巻く環境の変化に自らを変えて適応していくことが求められてい
　ます。

②目標管理の展開

　　現在、目標管理は多くの企業に取り入れられ、2017年度のHR総
　研の調査（『人事白書2017』）では実に74.8％の企業で導入・活用さ
　れています。目標管理は単なる数値目標の割当てではなく、また評
　価のための制度でもありません。育成の視点から管理者が部下1人
　ひとりの将来ビジョンの実現をサポートするキャリア開発の視点か

ら、部下の担当職務を意味づけていくことが期待されています。個人と組織の双方の成長と発展を適えるツールとして、目標管理を位置づけることが必要です。

　また、社員にとっては自己の成長とキャリア向上を図るツールとして目標管理を捉え、上司との対話により自己の職務目標を設定し、日常の職場で上司の指導や助言を受けながら、職場での経験と職務に必要な能力の習得を図ることが重要です。

〈図表006〉　主な人材育成課題と対応策の方向

対　　象	育成課題	対応策の方向
１．経営幹部層、ビジネスリーダー、中核コア人材	的確な意思決定と決断実行できる経営人材の育成	従来の人材育成策にとらわれないスピーディな経営人材候補者や次世代経営幹部選抜候補者への育成プログラム、幅広い実務体験をセットにした中長期的な育成を図る
２．管理・監督者	変化する経営環境下でもリーダーシップを発揮し、職場組織のメンバーに働きかけてモチベーションを高め、自職場の目標を実現する管理者の育成	管理者になる手前からマネジメントの基本知識やスキルを習得させ、職場において管理者へのフォローや代行を経験させる
3-①② 若手・中堅社員	将来に向けて目指す人材像の実現に向けて、計画的・長期的に能力開発に取り組むCDP（キャリア・ディベロプメント・プログラム）の推進	中長期の視点に立った社員の育成ビジョンやキャリアパスを用意すること、計画的にさまざまな仕事や経験の場を提供するなど、学びと成長につながる機会の提供

3-③ OJTの見直しと 再構築	管理・監督者に対するOJT能力の向上と、OJT制度の定着・浸透の側面から、OJTの見直しと再構築	ICT化の進展やプレイングマネジャーの増加などでOJTが形骸化し、職場の育成が危ぶまれているため、従来の形式にこだわらないOJTのPDCAを図る創意工夫が求められる
3-④ 女性社員/非正 規社員	ダイバーシティへの対応～社員の意識、とりわけ幹部・管理者の意識変革	育児休暇の取得奨励策や短時間勤務制度など職場復帰プログラムの取り組みの一環としてのワークライフバランスの促進策、契約社員の正社員登用策など雇用形態や働き方の見直し
3-⑤ グローバル人材 の登用・育成	海外市場でのビジネスを担える人材の登用・育成と、人事制度の見直し	訪日外国人客の急増に対応するため、外国語研修や異文化理解、外国人社員の採用の対応に追われるケースなど、市場変化に合わせた臨機応変な教育研修の対応が求められる
3-⑥ 中高年社員	中高年齢社員の活性化や働き方・役割の再認識、モチベーションの向上、若手社員への指導・技術伝承など制度の見直しや意識付け	65歳までの雇用が義務付けられ、再雇用で働く中高年者は増加、職場の期待に応えるため、持てる専門性の発揮と若手社員への技術伝承、いざという時のアドバイスなど、役割期待と働き方の再認識を促す

第1章 経営を支える人材育成

3-⑦ 中途採用者	中途採用者の増加に対応した人事処遇と育成	中途採用と処遇の是正策、職務に必要な研修の随時実施など、プロフェッショナル人材の確保・活用
4．組織能力の開発	組織やチームの活性化、組織風土の変革への対応	小集団活動の見直しやトップ・経営幹部との対話、提案制度や自己申告制度、社内FA制度などさまざまな活性化策

　以上、企業が取り組むべき主な人材育成課題と、対応策の方向性について考察しました。それぞれの課題の重要度・優先度は企業によって異なりますが、各企業においては、中長期の経営視点から自社の経営実態を踏まえて重点課題を絞り、解決に取り組むことが大切です。

　人事・教育担当者は経営視点に立って、今後人材育成面ではどのように対応すべきかについて経営トップ層や関係者からの情報収集を行い、方向性や施策案を検討する取り組みが求められています。

| 第 **2** 節 | 経営を支える
人材育成の進め方 |

❶ 人材育成をトータルシステムとして捉える

　さまざまな育成課題を解決し、経営目標を達成するためには、人材育成を単独で実施するのではなく、人事諸制度や経営諸施策との関連性を持たせてトータルに展開することにより、その期待に応えることが出来るようになります。

　すなわち、経営理念やビジョン、戦略・方針を踏まえた人事理念やその実現に向けた人材育成方針および人材育成の目的、期待などを定め、それらに基づいた「能力開発体系」「教育体系」「教育計画」を策定することが大切です。その上で、優秀な人材の確保・採用から育成、活用、評価、処遇までの人材マネジメントを、さまざまな制度や施策との連動を図って実施することが重要です。人材育成のトータルシステムとして期待する人材を育てる能力開発・教育体系を設計することによって、経営の期待に応える人材育成が可能となるのです。

　人材育成はこうした全体構造の中で経営理念や経営計画、戦略実現を支えるために、人事施策・経営諸制度と相互に連動しながら展開させます。このような相互関連性を持って展開される人材育成は、必要な能力を備えた人材を効率良く育成することを可能にします。

　このトータルシステムとしての人材育成は「人材マネジメントシステム」とも呼ばれ、その全体像を示すと〈図表007〉のようになります。

〈図表007〉 人材マネジメントシステムの全体構造

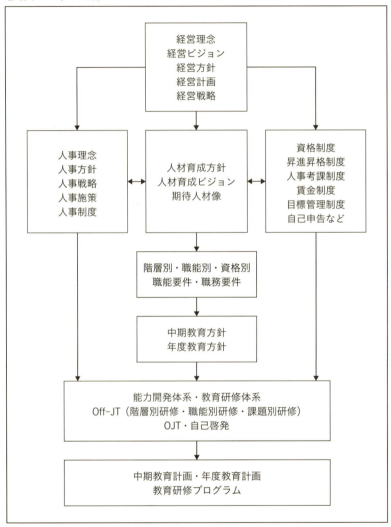

2 トータルシステムとしての人材育成の特徴

　企業は経営戦略・方針を定めて経営活動を進め、経営目的を実現させるプロセスにおいて、人的資源のあり方を踏まえた人事戦略が検討され、人事方針や人事諸制度・施策の導入や見直しを行います。

　その中で、人材育成においては人事戦略を踏まえた人材育成の基本方針や中長期教育方針が立てられ、人事諸制度や諸施策と相互に関連させながら実施されます。

　いわば人材育成はそれだけでは自己完結するものではなく、人事諸制度と密接かつ相互に補完・連携し合うことによって、より効果的に教育目的を果たせるものといえます。したがって、人事・教育担当者は人事に関するさまざまな情報に精通していなければなりません。

　また、新しい制度を円滑に導入・推進させるために、どのような能力開発や教育が必要かつ効果的なのかを念頭において、人材育成を進めることが大切です。

▶(1) 長期的人材育成システムとしての教育

　トータルシステムとして展開する人材育成には、次のような特徴があります。

　①経営目的・目標の一環として能力開発・教育体系が展開されている
　②人事方針、人材育成方針と、実施される能力開発・教育内容がリンクしている
　③人事制度・人事施策と能力開発・教育体系がリンクしている
　④組織面、個人面の両面から教育の経歴管理が行われている

▶(2) 求められる人材像の実現を図る教育

　また、経営が求める期待人材を育てる教育には、以下の特徴が見られます。

　①経営理念に基づいて、育成目的・育成方針に沿った教育を行う
　②期待人材像を明示すると共に、中長期視点の育成体系を提示する

③SD（自己啓発）、OJT、Off‐JTなどの教育方法を適切に組み合わせた教育を展開する

④現場のニーズや個々人のニーズも踏まえた育成メニューも含める

　以上のように、人材育成をトータルシステムとして捉えて展開する教育により、企業が抱える人材育成課題の解決が図られ、経営が期待する人材の育成を促進します。さらに、社員1人ひとりの成長を後押しすることで、モチベーションの向上や組織風土の好循環が生まれるなど、組織・個人双方に良い影響を及ぼします。

3 トータルシステムでない教育の特徴

　トータルシステムでない教育には、どのような特徴が見られるのでしょうか。そのような教育を実施した場合には、企業や個人にどのような影響を及ぼす可能性があるのか考えてみましょう。トータルシステムでない教育の特徴として、以下の5つが挙げられます。

①思いつきの教育、その場対応の教育になっている

②中長期視点の欠落、教育方針との整合性が見られないなど、体系的・計画的・長期的視点のない教育になっている

③育成の方向が定まらず、単発の教育にならざるを得ない

④予算不足による限定された教育、あるいは予算消化の教育になっている

⑤経営や現場のニーズとのかい離、教育とOJTとの連動不足、目標管理や人事評価との関係性が低い、将来必要となる能力習得が期待できない可能性がある

　このように、望ましくない教育が長期間にわたって行われると、一般的に以下の影響が中長期に出てくるとされています。人間で言えば生活習慣病のごとく、企業においても徐々にさまざまな弊害が起きてきます。

①教育の効果が期待できない　➡必要な人材の慢性不足

②教育効果が持続しない　➡研修が終わると元の木阿弥となる

③計画的、継続的な人材育成がなされない　➡思いつき、場当たり的な教育

④参加者の教育への意欲が高まらない　➡教育ニーズに合致しない受け身の参加

⑤人を育てる風土が希薄になる　➡期待する人材が育たない

　人材育成は多くの時間と費用をかけて行われます。費用対効果を高めるためにも、トータルシステムとしての人材育成に取り組み、諸制度との連動を図って中長期視点での育成計画を立てる必要があります。人材育成の目的とゴールを明確にして、体系的・計画的・継続的な育成を心掛けねばなりません。

４　トータルシステムで取り組む人材育成の５つの視点

　人材育成を展開する際には、人材育成の課題を明確にし、教育による解決が適している課題・対応策については、その教育の目的・ねらい・ゴールを定め、期待成果を設定して展開します。

　また、常に変化する経営環境にふさわしい戦略・方針に基づいて、諸制度との連動を図って効果的な育成施策を展開することが大切です。

　以下、経営を支える人材育成を展開する際に、押さえておかねばならない５つの取り組み視点について考えます。

▶（１）経営理念・戦略・方針と連動させた人材育成を展開する

①経営理念、戦略・方針との連動を図る

　　人材育成は経営戦略・方針・経営計画と連動させ、中長期の視点に立って実施することが期待されています。人材育成の目的は、企業が期待する人材を育成することにより、戦略を遂行し経営理念や経営目的の実現に貢献することにあります。

〈図表008〉 人材育成の取り組み視点

人材育成の取り組み視点	
1．経営戦略・方針・経営計画との連動	⑴経営戦略・方針・目的と連動した人材育成の展開 ・経営課題の解決に貢献する教育の展開 ・育成課題を踏まえた教育体系・教育計画による展開 ・経営方針・戦略と連動した教育テーマ ⑵経営トップの人材育成の考え方・理念の徹底 ・社員に期待する人材像の実現、理念や行動指針などの体現 ⑶中長期経営目標と人材育成の結びつけ ・経営戦略の構築力・実践力の強化 ・社員個人の専門性・実践力の強化を配慮した施策
2．人材育成の体系化	⑴中長期視点で人材育成に取り組む ・計画的・継続的・段階的な教育の実施 ・必要な能力を、必要な対象者に、必要な時に提供する ⑵人材育成のトータルシステムとしての展開 ・人事諸制度、諸施策（等級制度、評価制度、目標管理制度、賃金制度など）との連動 ・育成、評価、処遇と結びついた教育施策の展開 ⑶人材育成課題解決への施策 ・コア人材の育成、女性社員の活用、働き方の見直しなど
3．職場の人材育成支援	職場での人材育成（OJT）支援 ・職場での仕事を通じて育成を図るOJTの支援策と連動 ・部下指導・育成に関する管理者の意識付け ・OJT推進の支援（管理者教育・OJTリーダー育成） ・人事制度との連動を図る（人事考課や目標管理制度など）

4．社会的責任の遂行	企業の社会的責任（CSR）と役割を担うべき教育の展開 ・内部統制・ガバナンスの構築支援 ・コンプライアンス、個人情報保護、情報セキュリティ教育の全社展開 ・人権、ハラスメント、メンタルヘルス促進への取り組み
5．自己啓発の促進	自己啓発風土の醸成 ・自己啓発支援策の導入（受講費用の支援など） ・優良教育講座コンテンツの社員への案内（セミナー、通信教育など） ・社内勉強会や公的資格取得への支援など

②経営トップの人材育成に関する考え方や理念を徹底する

「どのような人材像を期待しているのか」「どのような育成を図ったらよいのか」などについて、経営トップの人材育成に関する理念や考え方を明確にして全社員に示すことが大切です。そのためには経営トップ層の考えを常に聴取すると共に、研修の機会などを活用して、トップによる特別講義や対話の実施を取り入れていくことも必要です。

③中長期経営目標と人材育成を結びつける

①で述べたように、経営戦略・方針・計画の実現に貢献する人材の育成が大切です。同時に社員個人の職務遂行能力の開発と、良き社会人としての人格の形成やキャリア開発が、育成には欠かせない視点となります。企業の組織力強化と個人の成長の両面から、育成施策に取り組むことが求められます。

▶（2）人材育成方針に基づく能力開発・教育の体系を整備する

①社員個人と組織の側面から長期的・戦略的な人材育成計画を進め、社員への能力開発の有効性を高めるためには、期待する人材像と現有人材の現状レベルとのギャップや、職場の実態や風土、企業体質、マネジメントレベルなどの現状に合わせて、長期的、計画的、戦略

的な構想と計画で人材育成を展開することが重要です。

　社員個人の側面から見た人材育成は、職務遂行能力の開発や職場の問題を解決する能力を習得することなどが期待されています。そのための専門的能力や知識、スキルの習得を計画的・継続的・体系的に実施していきます。

　その上で必要な能力を習得する教育を、階層別、職能別、テーマ別に分類し、社員の能力やレベルに応じて、研修と実務の結び付きなどを考慮した研修プログラムを組み合わせ、体系的に構成する必要があります。これが能力開発・教育体系の役割です。

　人材育成は短期間にできるものではありません。職務を遂行するための能力（知識・スキル・態度など）を習得するのに必要な教育を体系的、中長期的視点で学習する場を提供し、経験を積ませ、成長させていくことが何よりも大切です。

②人的資源開発の視点で人材の活性化施策に取り組む

　人的資源開発（HRM）は、従来の人事労務管理を発展させたもので、人的資源である社員の能力を開発し、中長期に業績向上や企業の成長に資するという考え方です。人材マネジメントシステムの観点から人材育成に取り組み、人事諸制度や施策と連動させトータルシステムとして効果のある人材育成を展開します。

③育成の課題解決と連動させて施策を進める

　企業が抱える人材育成課題は多岐にわたるため、限られた資源を有効活用するには、重要度、緊急度などの視点から優先課題を決めて取り組みます。教育は万能ではないので、一つの手段として割り切り、人事諸制度や目標管理などの経営管理活動と連動して解決を図ることがポイントです。

▶（3）職場の人材育成支援を強化する

　人づくりは、仕事の経験や職場での活動を通じて形成されます。そのため、OJTやコーチングを充実させるなどして、現場での人材育成を促すさまざまな工夫を行って取り組むことが大切です。その結果、社員の

能力向上だけでなく、組織力の強化にもつながります。

　部下の指導・育成は、経営者をはじめ、上司である管理・監督者の責務であり、自らが教育に積極的に取り組むよう指導します。とはいえ、自ら成果を上げなければならないプレイングマネージャーなど、マネジメントに専念できない状況に置かれた管理者には、多忙を理由に人材育成に取り組むゆとりがなく、OJTが定着していない職場が多いのも現実です。

　このような状況下でも、管理・監督者は部下への仕事の割り当てや個人目標面談、日常のさりげない声かけ、作業日報や営業日報などをフルに活用して、部下や後輩とコミュニケーションを取ることで、部下の能力向上やモチベーションに大きな効果が期待できます。

　こうした職場の取り組みを支援するために、人材育成部門は何をするのかを検討すべきです。OJTを支援するためのOJTマニュアルやOJTノートなど、ツールの提供や部下・後輩指導の方法に関するOJT研修などの実施を通して職場での育成を支援することが期待されています。

▶（4）教育による社会的責任の遂行

　社会の一員としての企業責任を踏まえた人材育成課題として、コンプライアンス、情報セキュリティ、個人情報保護、CSR、リスクマネジメントなどに関する教育は、年度計画に含めて時機を逸せずに実施します。

　特に近年は、大企業による不祥事が続き、社会の厳しい目が注がれています。ガバナンスを含めた取り組みが急務です。

▶（5）自己啓発の促進

①自己啓発風土の醸成

　　自己啓発（SD＝Self Development）は、個人が目的意識と強い意志を持って自らが啓発の目標を定め、自己のキャリアビジョンの実現に向けて取り組む自己開発の学習活動です。人が成長する上でもっとも基本となる取り組みであり、企業は社員の自己啓発意欲を促し継続して取り組むよう、支援制度や仕組みを設けることが大切

です。

②自己啓発の支援策の導入

　個人で学習する機会の提供と、受講費用の援助制度を導入している企業の割合は、2016年度の調査で約8割となっており、多くの企業で広く一般的な制度として取り入れられています。

　通信講座やeラーニングの受講案内、社外セミナーや学校教育機関への参加、公的資格取得の奨励策や受講後の援助策などを導入し、自己啓発意欲を喚起しています。

5　人材育成の進め方

▶（1）人材育成のPDCAを回す

　あなたの会社で、これから教育を実施する場合を考えてみましょう。そもそも、なぜ「教育を行う必要」があるのでしょうか。「トップの一言で実施することになった」「現場から、一人前に仕事ができるように社員を教育してほしい」など理由はさまざまでしょう。たしかに、理由や根拠が明確でなければ効果的な教育は実現できません。なぜなら目的が明確でなければ、教育の効果が測定できないからです。教育を行う理由が明確であれば、「こんな目的」で「どの対象者」に「どのような教育（内容や手段）」を、「いつ」「どのくらいの費用」をかけて実施すべきかが明確になります。

　本来、人材育成は育成の課題やニーズを明確にして、その解決策の一手段として教育研修が行われます。教育は万能ではありません。課題やニーズの解決策として、教育以外にもっと効果的な手段があるかもしれません。そのため、人材育成が必要とされる理由・目的、必要な対象者、さらに目的を踏まえた教育内容を検討できる情報が必要なのです。ある課題やニーズに対して教育が適切だと判断し、「どのような対象者に、どのような育成ニーズ」があるのかを把握する必要があります。

　人材育成は、まず育成の課題を明確にして、その解決のための手段を検討し、教育を行うことがふさわしいと判断した場合は、目的やねらい

44

に対して適切なプログラムや教材を設計し実施します。

　そして、実施された後には、「目的」や「成果」がどの程度達成されたのかを測定し、実施した教育研修の評価を行って次回の実施に向けた改善・修正を加え、次に活かしていく必要があります。このように、人材育成においてもPDCAサイクルを回して進めることが効果的な育成につながる大切なポイントになります。（〈図表009〉参照）

　①PLAN＝人材育成課題・ニーズの把握、能力開発・教育方針の策定、教育体系の策定
　②DO＝教育計画の作成・研修の実施
　③CHECK＝効果の測定と評価、改善案
　④ACTION＝改善策の検討

〈図表009〉　人材育成のPDCAサイクル

1．人材育成課題・ニーズの把握と教育方針・体系作り（PLAN）
(1)人材育成・教育の課題やニーズの把握 (2)教育体系の作成 　①教育方針の作成、期待人材像の作成、期待役割・能力の作成 　②教育体系の整備（階層別教育、職能別教育、課題別教育、自己啓発支援） 　③教育計画の作成、研修プログラムの作成

2．教育の計画と実施（DO）
(1)計画に従い、階層別研修や職能別研修などの集合教育や通信教育などの実施 (2)職場でのOJTなど、さまざまな教育の実施 　①集合教育計画と実施（階層別・職能別・課題別教育など） 　②職場内教育の計画と実施（OJTの推進） 　③自己啓発の促進、支援の実施（通信教育やeラーニングなど）

3．効果測定・評価とフォロー、改善（Check・Action）
実施した教育の効果測定を行って評価し、改善策を検討して次回に反映 　①対象者層や対象者の育成状況の評価 　②教育結果のまとめと次期計画作成 　③人材育成、教育計画促進上の課題と対策、検討

▶（2）ADDIEモデルを活用する

　PDCAサイクルを回して人材育成を進める考え方によく似た理論に、インストラクショナル・デザイン（ID：教材設計の理論）の一つである「ADDIE」モデル（アディーモデル）があります。ADDIEは「分析（Analysis）」「設計（Design）」「開発（Development）」「実施（Implementation）」「評価（Evaluation）」の頭文字をとったものです。

　この理論は、効果的な研修プログラムや教材を設計する際の手順として、「分析」→「設計」→「開発」→「実施」→「評価」の5ステップを回して進めることが大切であるという考え方です。そして、「評価」の結果を4つのステップの「設計」や「開発」「実施」にそれぞれフィードバックし、各ステップで改善・見直しを図り次回に活かそうとする考え方です。

　このサイクルを回すことによって、教育目的の達成に効果的な研修が実現可能となります。そのステップは以下の通りです。

〈図表010〉ADDIEモデル

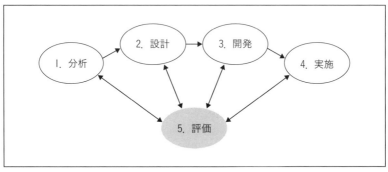

■1.「分析」（現状把握と調査・分析）
　研修に必要な情報を集め、誰に、何を、何のために、どこまで教えるのか、何が期待されているのかなどの研修ニーズを把握し、その情報を踏まえて研修のゴール（学習目標）を設定します。

■2.「プログラム設計」（プログラムの構想・設計）

分析結果とゴールを踏まえて、最適な研修プログラムと学習教材を設計します。設定したゴールを達成するために最も適した研修を企画します。

■3.「開発」（教材作成）

プログラムに基づいて、学習教材を作ります。既存の教材を活用したり、新たに作成したものを統合したりして、受講者の学習理解が進むよう工夫します。

■4.「実施」「評価」

研修を実施した後に、アンケートやヒアリングなどの情報をもとに効果を測定します。さらに結果を踏まえて研修全体のプロセスを評価します。次回の実施に向けた改善点を抽出し、設計や開発、実施運営などへフィードバックします。

▶（3）HPIの考え方に学ぶ

近年、世界の人材育成のキーワードとして、パフォーマンス（業績・成果）が注目されています。欧米では成果につながらない教育は投資対象から外されてしまう傾向があり、当然、教育の効果が問われ、業績との関連や貢献度が精緻に測定・評価されます。

そこで注目されているのがHPI（Human Performance Improvement）という手法です。業績向上に直結する人材育成手法で、パフォーマンス・コンサルティングの一手法です。

パフォーマンスが重視されている理由の一つは、パフォーマンスに関する問題の多くが教育では解決しないケースが多いからです。教育は知識やスキルを習得することはできても、パフォーマンスの問題の多くを解決することはできません。米国の調査では、問題の原因の多くは社員の知識やスキルでなく、モチベーションや業務プロセス、組織構造、あいまいな基準などが原因だといわれています。

教育の効果測定に課題を感じている教育担当者は多いと思います。HPIの考え方によれば、教育はさまざまな経営課題や育成課題の解決策として万能ではないことをまず認識します。その上で教育による解決が適切な課題を明確にして、ADDIEモデルやPDCAプロセスに沿って人材育成を展開することが、成果の上がる人材育成につながると考えます。今後、私たちが参考とすべき手法です。

第**3**節 人材育成の
目的と効果

1 人材育成の目的と期待される効果

　企業は多くの時間と労力・コストをかけて人材育成を行っています。その目的は、職務遂行に必要な能力を習得し、期待される成果を上げることによって、経営理念やビジョンに基づく経営計画・戦略を実現することにあります。また、社員を組織の成長や発展に貢献する人材に育てることにあります。企業は環境変化を踏まえた中長期の事業計画や年度計画を立てて戦略を打ち出し、その実現を図るために貢献する人材、すなわち期待される人材を育成することが人材育成の目的です。

　また人材育成には企業（組織）と社員（個人）双方の成長と能力向上が期待されています。そこで人材育成の目的と効果について、組織と個人の2つの側面から考えてみましょう。

　人材育成を企業（組織）への効果と、社員（個人）への効果の2側面から整理したのが、〈図表011〉「能力開発・教育の多面的効果」です。

〈図表011〉 能力開発・教育の多面的効果

```
            能力開発・教育の多面的効果

   企業・組織への教育効果           社員への教育効果

   経営ビジョンの伝達と実現        社員の人格形成、キャリア
   経営理念やビジョン、期待       開発、職務遂行能力の習得
   人材像、人事制度の理解

   ・経営方針の伝達や浸透         ・業務遂行能力の習得
   ・組織や部門の抱えている問      ・問題解決能力の向上
    題の整理・解決             ・自己の能力の成長確認
   ・チーム力の向上             ・自分の考え方やものの見方
    自分の考えを述べ、相手の       の検証
    考えを聞き、相互に議論し      ・自己啓発意欲の喚起
    合意を形成する             ・モチベーションの向上
   ・他部門との相互交流・協力      ・キャリアビジョンの実現
   ・組織の活性化、風土変革
```

▶（1）企業（組織）にとっての教育目的と効果

　企業が時間やコストをかけて人材を育成する目的は、求める人材を育成することによって企業の戦略を遂行し、経営目的や目標の実現に貢献することにあります。

企業の側面から見た人材育成・教育の効果

①戦略を遂行し、経営目標や経営計画を実現する
②経営理念や方針を全社員に伝達し、浸透させる
③職務遂行能力を高めることで企業業績を向上させる
④組織・職場を活性化し、風土・組織変革を促す

▶（2）社員（個人）にとっての教育目的と効果

　社員にとって、企業が行う人材育成の目的と効果とは何でしょうか。それは社員個々人の志向性を踏まえつつ、人間形成と職務遂行能力を高めることにあります。

社員の側面から見た人材育成・教育の効果

①職務遂行に必要な能力を習得できる

②職務遂行に伴う問題解決力が高まる

③人間的成長と人格の陶冶に役立つ

④自己のキャリア開発について、側面からの支援を受けられる

⑤自分の考え方やものの見方を客観的に検証できる

⑥自己啓発意欲の喚起と自己啓発習慣を習得できる

⑦他部門との人的交流を図り情報交換や切磋琢磨できる

　以上のように、人材育成を常に組織と個人の両面からその目的と効果を踏まえて適切な教育テーマや教育方法を設定し、教育目的の実現を図ることが大切です。

▶（3）人材育成・教育で習得すべき能力とは

　期待される人材を育成し、企業の成長や発展に貢献する人材に育てることが人材育成の目的であるとすれば、どのような能力を教育によって習得すべきでしょうか。ここでは2つの考え方を紹介します。

　はじめは、3つの能力（人材スキル）についてよく知られているハーバード大学教授のロバート・カッツが提唱したモデルです。1955年に管理職に必要な3つのスキルとして発表されたもので、階層によってそれぞれ必要なスキルの割合が異なるという考え方です。

　3つのスキルとは、「テクニカルスキル（業務遂行能力）」「ヒューマンスキル（対人関係能力）」「コンセプチュアルスキル（概念化能力）」

と呼ばれる3つのスキルです。

①テクニカルスキル：担当業務を遂行する上で必要な知識やスキルで業務遂行能力のことです。業務についての専門知識や技術・技能を指します。
②ヒューマンスキル：人対人のコミュニケーションや葛藤処理などを行うスキルで、リーダーシップ、モチベーション力、部下育成力、交渉力、調整力など対人関係能力を指します。
③コンセプチュアルスキル：さまざまな事象や周囲で起こっている事柄や状況を構造的、概念的に捉え、事柄や問題の本質を見極めていくスキルで概念化能力を指します。ビジョン形成力、戦略・構想力、意思決定・判断力、企画力、問題解決力、発想力、創造力などです。

〈図表012〉　マネジメントに求められる能力（ロバート・カッツのモデル）

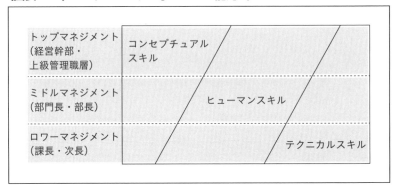

　ロバート・カッツは〈図表012〉に示したように、管理職に必要なスキルとしてこのモデルを提唱しましたが、幹部層、管理者層、一般社員層に求められる階層別スキルとしても活用できます。
　一般社員層は、テクニカルスキル（業務遂行能力）やヒューマンスキルの習得。ミドル層（管理職・監督職）は、職場をマネジメントする立場にありヒューマンスキル（対人関係能力）を中心に、問題解決力や部下指導力などのコンセプチュアルスキルの習得。トップマネジメント層

（経営幹部・上級管理職）は、経営の中枢として必要な判断力、戦略構築、課題解決力などのコンセプチュアルスキルの習得が必要とされるといった活用が一般的です。

2つめの考え方は、林伸二氏（『人材育成原理』白桃書房2005年）が提示した「組織が取り組むべき7つの育成課題と対象となる能力」です。

林氏は人材育成について、「従業員や管理者を組織の成長・発展のために有意な人材に育て上げることである」とし、「価値観や意欲なども含む全体的な人間力向上の取り組みであり、育成結果の意義（効果）を重視している」としました。その上で、人材育成プログラムで何を育成すべきかについて、7つの項目を上げています。〈図表013〉

なお、これらの育成課題に取り組み人材を育成する際には、はじめに「育成された後の人材像（期待される人材像）」を描く必要があると説きます。さらに、「7つの育成課題のうちどれから取り組むべきかは各社各様であり、職務遂行能力を高めるのは比較的容易だが、人間の価値観、アイデンティティ、自己価値観などの向上は困難であるものの、組織は取り組まねばならない」と述べています。

▶（4）人材育成の限界をわきまえる

先に人材育成の目的は、職務遂行に必要な能力を習得し、期待される成果を上げることで経営計画やビジョンを実現することであり、社員を組織の成長や発展に貢献する人材に育てることと述べました。しかし、人材育成は万能ではありません。前述したHPIの知見を借りれば、企業はパフォーマンス上の解決すべき多くの課題を抱えていますが、その解決策にもっとも相応しい方法が人材育成や教育である場合に、はじめてその機能を発揮し期待する成果が出せるとしています。教育が問題や課題のすべてを解決に導く万能薬ではないことを理解しておくことが大切です。人材育成の担当者は、企業が解決すべき課題と解決の最適な対応策は何かを捉えて、人材育成に取り組むことを忘れてはなりません。

〈図表013〉 組織が取り組むべき7つの育成課題と対象となる能力

育成の課題	対象となる能力	維持・強化のための対象
1．価値観、考え方（仕事観、生きがい、責任感、仕事に対する取り組み姿勢など）	組織文化・風土、ライフスタイル、職業（仕事）意識	組織文化・風土、ライフスタイル、職業（仕事）意識、
2．アイデンティティ、自己価値感		
3．職務遂行能力	問題発見・解決能力、論理的思考力、洞察力、先見力、分析力、プレゼンテーション能力、創造力、企画力、交渉力、耐久力（忍耐力）、行動力、リーダーシップ能力、部下育成力、部下管理能力、コミュニケーション能力など	左記の能力
4．仕事意欲	自己にとっての仕事の意義、目標達成の自己にとっての意義、職歴計画・開発の意義、自分に合う職務や自分を生かしたり高めたり可能性を切り開く職務	左記の能力、組織構造、職務内容とフロー、管理方式、リーダーシップスタイル組織文化・風土、ライフスタイル、職業（仕事）意識、仕事意識、報酬、昇進システム、配置・異動システム
5．勤務態度	組織や同僚への信頼、組織や職務へのコミットメント、組織一体化、組織関与、組織忠誠心、組織関与、他人に対する配慮、（おもいやり）、チームワークの形成・参加など	

6．職務知識・技術	職務遂行上必要な知識や技術、コミュニケーション技術、（職場での人間関係、顧客とのコミュニケーションなど）	左記の能力
7．職務行動	組織規範の順守、職務遂行上の業務・規則の順守・命令、報告関係の順守、チームワークの尊重など	左記の能力、組織構造、職務内容とフロー、管理方式、リーダーシップスタイル、組織文化・風土、ライフスタイル、職業（仕事）意識、仕事意識、報酬、昇進システム、配置・異動システム

出所：『人材育成原理』林伸二（白桃書房）2005.2を一部加工

第**2**章

能力開発・教育体系の作り方と見直し方

　第2章では、能力開発・教育体系の作り方と見直し方に関する基本的な考え方と進め方について解説します。

　人材育成は、自社の経営理念やビジョン、戦略にもとづき人材育成方針、能力開発・教育体系を作成し、体系的・計画的・継続的な育成を図ることが必要です。先の見えないこの時代において、自社の経営課題や人材育成課題の解決を図るためには、常に組織と個人の両面から深く掘り下げた育成ニーズをしっかり把握し、能力開発・教育体系にもとづく育成に取り組むことが何より大切です。

　なお本章以降は、「能力開発・教育体系」を「教育体系」として記述します。

第 **1** 節 人材育成における教育体系の役割

1 教育体系の役割と意義

▶（1）教育体系とは

　教育体系は、**「社員を対象に実施する教育を体系的、計画的、継続的に進めるための教育研修の全体構造を体系化したもので、階層ごとに実施する教育研修や職種別、課題別に実施する教育研修などを整理し、まとめた人材の育成体系」**です。体系とは、複数のテーマや要素が系統立てて構成された仕組み、全体構造を意味します。

　教育体系には、役割・階層別教育体系（階層教育、資格教育）や職能別教育体系（職種教育、専門教育）、自己啓発、OJT、キャリア（キャリア教育、ステージ教育）などのカテゴリーがあります。体系は、「人材育成方針」「期待する人材像」「期待役割と能力」「教育体系内容」「教育体系図」から構成されます。

　なお、「教育体系」の名称は各社各様で、「教育体系」「能力開発体系」「人材育成体系」「人材開発体系」「教育訓練体系」などと呼ばれています。本書では「教育体系」と称して解説します。

　また「人材育成」と「能力開発」は共に、経営の要請に応える社員の職務遂行能力の向上と成長への取り組みと定義されますが、「能力開発」はやや個人の能力習得に焦点を置いた使われ方をします。

▶（2）教育体系の役割、意義

　人材育成を体系化することには、一体どのような意義、目的があるのでしょうか。それは、経営が求める人材力を高め、経営理念やビジョン、経営戦略の実現をより効率的・計画的に図るためです。教育体系を策定

することにより「期待する人材像」を明確に社員に示し（求める人材像）、人材育成をどのような考え方や施策で行うのか（人材育成の基本方針）、中長期視点に立って社員の職務遂行能力や人間力向上を図り、戦略遂行に貢献する人材をより効率的・計画的に育成します。

　教育体系は、いわば人材育成施策の全体設計図であり、「どの対象者に」「いつ」「どこで」「どのように育成するか」を中長期視点で体系化したものと言えます。

　教育体系は、以下の役割、意義を持っています。

①教育体系は、人材育成施策のバックボーンとなる役割を果たします。人材育成の考え方や方針、目的、社員に期待する人材像、社員が習得すべき能力（知識やスキル、態度・意欲など）の全体像を社員に示します。

②組織と社員の能力開発や自己研鑽の方向性を示し、会社が期待する人材を育成する中長期にわたる育成のロードマップとなります。

③組織からのニーズと社員からのニーズを踏まえ、「どの層に、どのような内容で、いつ教育を実施するのか」について明示します。社員にとって自分がいつ、どのような教育を受け、どのような能力を習得するのか理解できる効果があります。また、仕事へのモチベーションやキャリア開発の指針となります。

▶（3）教育体系の必要性、背景

　教育体系を作成するにあたっては、以下の問いについて自社の考えを整理しておくことが大切です。

・経営にとって、人材育成はどのような価値があるのでしょうか。

・経営者が人材育成に期待していることとは何でしょうか。

・管理者は、部下にどのような能力を身に付けて欲しいと期待しているのでしょうか。

・社員は将来に向けてどのような能力を身に付けたいと望んでいるのでしょうか。

・そもそも自社に必要な人材とは、どのような能力を持ち、どのよう

な態度・姿勢・意欲を備えた人材なのでしょうか。

・そのような人材をどのように育成すれば良いのでしょうか。

　これらの問いは、とりもなおさず人材育成を実施するにあたって踏まえておかねばならない、自社における人材育成の意義、理念、役割、方向性などを定める上で必要な問いです。その答えを探す根拠となる情報（教育の必要性・育成ニーズ）を調査などによって丹念に集め、分析結果を踏まえて人材育成のあり方を構想し、人材育成の設計図を描く必要があります。

2　教育体系の構成

　人材育成において重要な役割・意義を持つ教育体系は、次の６項目で構成されます。

①人材育成方針（教育方針）

　企業の教育に関する考え方、目的や目標を定めたものです。

②期待する人材像（求める人材像）

　企業が社員に期待している人材指針となるもので、全社員共通の人材像や階層ごとの期待人材像を示したものです。

③期待する役割と能力一覧

　階層区分ごとに期待している役割や、発揮して欲しい能力を明確にしたものです。

④教育体系内容

　教育体系図の具体的内容がわかるように、テーマ、対象、内容、教育方法、実施時期などを整理したもので、教育計画を立てる際のベースとなるものです。

⑤教育体系図

　どの階層・職能に、どのような教育方法・内容の教育を、いつ実施するかについての全体像を図示したものです。

⑥教育計画書

教育体系に基づいて、教育を実施するための実施計画書です。

〈図表014〉 教育体系の構成要素

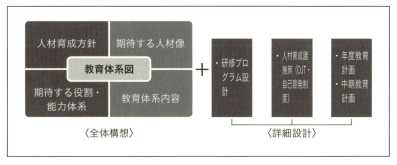

3 教育体系策定の社内体制

　本書は、教育体系の作り方・見直し方を手順に沿って解説します。
はじめに社内の組織体制を設置することについて説明します。

　組織体制の設置は体系作りの成否に関わる事項です。なぜなら、教育体系を作成するためには、多くの時間と工数がかかるためです。会社の規模や人材育成の現状にもよりますが、半年から1年程度の期間が必要です。計画した期間内に策定作業を終えるためには、人材育成部門だけで行うのは負担が大きく、また日常業務を担いながらの作業となるため、時間的なゆとりと周囲の協力や業務の担当変更も必要となるからです。自分たちも参画して作られた体系であることを認識してもらうためにも経営トップや幹部層、各部門の管理者・ベテラン社員の参画を検討すべきです。

　社内に教育体系策定のプロジェクトチームや委員会といったワーキンググループなどの形で、全社の主要な関係者で構成される「人材育成（教育）委員会」という名称で組織化します。経営トップが責任者となり、人材育成部門が事務局、各部門から管理者かベテランの社員を参画させる形式が一般的です。また、外部の専門家を加えて指導を受けながら策定・改定作業を行う方法も良いでしょう。一度専門家のノウハウを

会得すれば、次回以降の改訂時は社員だけで行うことができます。会社の規模や体系作りの経験者の有無、作業期間などを考慮して、どのような体制をとるか検討します。

4 教育体系の策定手順と進め方

　教育体系の策定には時間と工数がかかるため、体系を作らずに教育研修を行ったり、育成課題やニーズを十分に把握せずに場当たり的に個別・単発的な教育を実施したり、あるいは過去に作成した体系を見直さずに行ったりする企業も多いのが実情です。

　教育体系がなくても教育は実施できます。しかし、ややもすると思いつきや近視眼的で単発的な教育になりがちです。教育体系に基づいて教育の目的・ねらい、成果目標（ゴール）を明確にした上で実施することをお薦めします。

　人事・教育担当者は手間や時間を惜しまず、可能な限り教育体系や教育計画を作成して、中長期に計画的な教育を実施していく職務であることを忘れてはなりません。

　それでは体系作りの手順を解説いたします。

　最終まとめの成果物としては、教育方針、期待人材像、期待する役割・能力、教育体系図として作成していきます。

　まず教育体系の大まかな作成手順を説明します。教育体系は４つの手順に沿って作成作業を進めます。

〈図表015〉　**教育体系の策定手順**

〈図表016〉 教育体系の策定手順の概要

手順	作業内容	主な作業担当
1. 人事・教育の現状確認	(1)環境変化からの課題の確認 ・企業環境、業界動向、ライバル動向などから (2)経営からの課題の確認 ・経営理念、経営方針、経営計画、経営課題などから (3)人事・組織からの課題の確認 ・人事理念、人事方針、人事施策方針、人事制度、今までの教育履歴などから	経営トップ 人事教育スタッフ プロジェクト・チーム
2. 教育調査の実施	(1)調査の設計 ・教育調査の目的、アウトプットの確認 ・調査手順、日程の具体化 ・調査項目、調査方法の作成 (2)調査の実施 ・資料分析、アンケート、インタビュー調査 (3)調査結果の分析、まとめ ・分析による問題、課題の設定 ・人材育成課題、教育課題の整理	人事教育スタッフ プロジェクト・チーム
3. 教育体系の構想	(1)人材育成重点施策 (2)教育方針と期待する人材像 ・期待される人材像と人材育成方針 ・階層別・職能別に期待される役割、重点能力 (3)教育体系策定 (集合教育、自己啓発支援、OJT支援、機会教育)	人事教育スタッフ プロジェクト・チーム
4. 詳細設計	(1)教育実施計画 ・教育のカリキュラム、プログラム ・教育支援体制 ・教育のフォローシステム、効果測定システムの構築	人事教育スタッフ プロジェクト・チーム

第2章 能力開発・教育体系の作り方と見直し方

教育体系を構築する際に必要な情報を手順1と2で収集し、整理してまとめ、その情報を踏まえて手順3で教育体系を構想します。最後に、手順4で個別研修のプログラム設計や教育諸制度を設計していきます。

▶■手順1　人材育成・教育の現状確認　▶〉〉〉〉

> 手順1は、自社の人材育成の現状確認です。
> ⑴　自社を取り巻く経営環境を踏まえながら、経営理念、経営方針、人事・教育に関する方針などを確認します。
> ⑵　経営トップや幹部、管理者が求める育成ニーズなどの調査確認を行います。

▶（1）環境変化（外部環境・内部環境）から課題を確認する
　①就労者意識の変化から、人材育成の課題を捉える
　②自社の労働力の構成から、人材育成の課題を捉える
　③業界の特徴と傾向から、人材育成の課題を捉える
　④ライバル他社や業界の教育動向から、人材育成の課題を捉える

▶（2）経営からの課題を確認する
　経営力強化を図る際の課題を確認し、経営理念、経営方針、経営計画などから、人材育成の方向性や強化点を探り、育成に結びつける内容を整理します。
　①経営理念、経営方針、行動指針から、人材育成の課題を捉える
　②経営や長期計画から、人材育成の課題を捉える
　③経営重点戦略から、人材育成の課題を捉える
　④部門別重点取組み課題から、人材育成の課題を捉える

▶（3）人事、組織からの課題を確認する ----------------------

①人事理念、人事戦略、人事方針、人材育成方針などから、人材育成の課題を捉える

②自社の事業の将来像や現状から、人材育成の課題を捉える

▶■手順2　教育調査の実施　☐▶〉〉〉

> 自社の教育の現状を正しく捉え、人材育成の問題点や課題、教育のニーズを掴み、今後の教育の方向性や育成テーマを把握するための教育調査を行います。
>
> 調査がしっかり実施されないと、ニーズからかい離した教育になったり、思いつきの教育、経営サイドの期待に応えられない教育になりかねません。教育体系の見直しの際も、前回の策定から時間が経過している場合には調査を行い、環境変化や経営課題解決への対応ができているかなどを確認することが重要です。

▶（1）教育調査による成果の確認（全体のイメージ） ----------------

①我が社の方向を踏まえた人材像の姿

②教育体系のあるべき姿

③教育調査からみたアウトプット、成果物

▶（2）教育調査計画の作成 ------------------------------

①経営・人事・組織、教育に関する資料調査

②現場のインタビュー調査　（個別、グループインタビュー）

a　調査項目、調査方法の設計

b　調査対象者の選定：階層・部門、全員・選抜者など

c　個別インタビュー：役職者全員（役員含むかは検討）、選抜者など

d　グループインタビュー：リーダー層、課長層、一般層など

▶（3）調査結果の分析、まとめ

①資料調査、インタビュー、アンケート調査結果の整理と分析

②人材育成課題、教育課題の整理と方向性のまとめ

a 調査結果を踏まえて、人材育成・教育の課題に置き換えて整理する

b 教育の課題を達成するのに最も効果のある教育内容や対象を課題ごとに整理する

c 教育課題を達成していくための考え方、施策を設定する

▶■手順3　教育体系の構想（教育体系の全体設計）　□〉〉▶〉〉

　自社の現状を確認し、調査した情報をもとに、教育体系の構想を練ります。このステップでは、教育体系の骨格となる「人材育成方針」や「期待する人材像」「教育体系図」「教育体系内容」の作成を行います。

▶（1）人材育成重点施策の把握

①将来、当面の教育課題

　➡取り組むべき教育課題を作成する

②人材育成の領域の特定

　➡教育テーマ、教育目的、教育方法、教育対象、フォローシステムなどを作成する

③人材育成の重点対象層の絞り込み

　➡対象者を資格別、階層別と職能・職種別に分類する

④能力開発目的（キャリアアップ）の設定

　➡職能系統別に、期待する成長イメージ、習得すべき知識、期待する能力を資格・層別に設定する

⑤経営理念、経営方針を踏まえ、教育内容に具体化して整理する

⑥経営重点課題である事業分野別、部門別に重点戦略を教育に具体化して整理する

▶（2）人材育成方針、期待人材像、教育体系の設計

①人材育成方針の作成

➡教育の考え方、重点の置きどころを盛り込んで作成する

②期待される人材像・能力を、将来の方向を見据えて表現する

③階層別、または職能系統別の期待される役割を明確にする

➡期待する視点、もっとも開発すべき能力を表現する

▶（3）教育体系内容の作成

手順1、手順2の調査結果や（2）でまとめた人材育成方針、期待人材像、期待する役割と能力一覧などにもとづいて、階層別・職能別・課題別のテーマや内容、項目を表にまとめる。（詳細は〈図表060〉を参照）

▶（4）教育体系図の作成

①全体のフレームを決め、教育体系図を整理する

②教育方法別（集合教育、OJT、自己啓発支援、機会教育など）の考え方、内容を作成する

▶■手順4　教育体系の詳細設計　▢〉〉〉➤

教育体系図や教育体系内容に示された個々の研修を実施するためのプログラム設計と、教育計画の作成を行います。

▶（1）教育実施計画の作成

①教育研修プログラムの作成

➡教育目的・内容・方法を盛り込んで作成する

②教育実施のフォローシステムの作成

➡教育委員会の設置、OJT制度との連動、管理者の協力体制などを整理する

③年度教育計画の作成

➡実施年度に行う教育研修の方針と実施計画を作成する

④教育効果の測定

➡教育研修プログラム作成時に、各研修ごとの成果項目・測定対象を決めておく

5 教育体系の作成・見直し6つのポイント

　教育体系の作成・見直しにあたっては、〈図表017〉に記載した34項目について検討する必要があります。教育体系の策定や見直しの場合だけでなく、スポットで教育を実施する場合にも大切な視点となりますので、チェックリストとして活用して下さい。

　チェックポイントのすべての項目が「Yes」になる必要はありませんが、「II教育体系作成のチェックポイント」については十分な検討が必要です。

　以下にチェックポイント一覧表と、ポイントを解説します。

〈図表017〉　教育体系作成・見直しのチェックポイント

NO	I　教育体系の作成・見直しの基本情報
①	自社を取り巻く経営環境の変化は、どのようなものか
②	当社は変化に対応するために、何を変えようとしているのか
③	その変化に対して、どのような人材育成が期待されているのか
④	いまの時点で、社員の意欲、能力レベルはどの程度のものか
⑤	現状の人材育成の問題点・課題は何か

▶（1）経営からの期待の確認を必ず行う

NO	Ⅱ　教育体系作成のチェックポイント
■Ⅰ. 経営からの期待確認	
⑥	経営理念・経営計画・経営戦略と連動して組み立てられているか
⑦	経営からの期待や経営方針、人材育成課題などに最近変更がなかったか
⑧	人事理念、人事方針、人事戦略と整合しているか
⑨	トップから人材育成や教育に関する意見や期待を聞き出したか
⑩	中長期的視点に立った、自社に必要な人材像は明確か

①経営理念や経営戦略課題、施策を確認する。これは人材育成に取り組む大前提であるので明確にしておく。特に、人材育成に対するトップの指示・方針をよく確認する。

②経営からの期待や育成課題などに最近変更がなかったか、従来と異なるところはないか、新たなことはないかをチェックする。

③経営目標、経営計画の達成と直結させる教育の展開を検討する。

　・中長期的視点に立って、必要な人材はどのような人材だろうか。

　・経営的視野に立ち、目標達成に向けての具体的な能力の向上は何か。

　・業務遂行能力の向上を図るにはどの対象層に何が必要か。

④トップから人材育成に関する意見や期待を聞き出し、教育体系に盛り込む内容を整理する。（考え方、重点内容、重点対策など）

⑤経営ビジョン、経営計画と連動して人材育成・教育が組み立てられているか確認する。

⑥経営戦略を受けた教育になっているか確認する。

第2章　能力開発・教育体系の作り方と見直し方

▶（２）人材育成方針や育成の方向を確認する～人材育成の考え方を明確にする …

■２．人材育成方針や育成の方向を確認	
⑪	人材育成の基本的方向や路線を確認し、取り入れているか
⑫	経営的視野に立ち、目標達成に向けての具体的な能力の向上は何か
⑬	人材育成の方針、目標、目的が明確になった体系になっているか
⑭	OJTの推進、定着のためにはどんな仕組みや研修が必要か
⑮	役割、資格制度や人事諸制度と連動しているか

①教育調査で明確になった人材育成課題、方向、施策などを確認する。

②人材育成理念やビジョン、教育政策、教育鋼領などの意図する「人材育成、あるいは教育の基本的方向や路線」を確認し、取り入れる。

③中長期経営計画・方針を踏まえ、どのような人材を育成しようとしているか確認する。

④経営課題・人事課題と連動させた教育の展開を検討する。

　・基幹人材の育成はどうあるべきか。

　・実務能力、専門能力の向上はどうすべきか。

　・人事制度と教育との連動をどう図るか。

　・OJTの推進、定着のためにはどんな仕組みや研修が必要か。

　・自己開発の積極化に対応した個別育成、キャリア開発のための考え方は何か。

　・経営方針、トップ方針の具体化のための人材育成・教育の考え方は何か。

⑤階層、資格に対する期待、役割、責任の自覚を促進するにはどうするか確認する。

⑥事業推進の中核人材や、自社のコアとなる専門性の高い人材を育成するにはどうするか確認する。

▶（3）教育ニーズの明確化

	■３．教育ニーズの明確化
⑯	業績向上や専門性向上と連動した教育が盛り込まれているか
⑰	階層、資格に対する期待、役割、責任の自覚を促進する仕掛けになっているか
⑱	基幹人材の育成はどうあるべきか検討したか
⑲	事業推進の中核人材や、コアとなる専門性の高い人材をどのように育成すべきか
⑳	問題解決、遂行能力の向上をどのように図るか
㉑	社員が積極的に参加できる教育になっているか
㉒	受講者の自主参加型教育の仕組みになっているか
㉓	実務能力、専門能力の向上に役立つ研修プログラムになっているか
㉔	個々人の適性を発見し、キャリア形成を促す教育となっているか

①業績向上、専門力向上を目指す教育は検討されているか確認する。

②社員が積極的に参加できる環境を整備しているか確認する。

③受講者のニーズの多様化に対応し、自主参加型教育の仕組みを取り入れているか確認する。

④仕事に役立つ研修プログラムになっているか確認する。

⑤目的を明確にした内容、方法になっているか確認する。

⑥個々人の適性を発見し、キャリア形成を促す教育を展開するにはどうするか確認する。

⑦職務遂行能力（業務面、人間面のスキルアップ）の向上を図る教育をするためにはどうするか確認する。

⑧教育ニーズはインタビューや資料分析などによって偏りなく、関係者から収集する。

⑨事業ごとの目標から、教育に結びつく内容を整理する。

▶（4）教育体系の構想化

■4．教育体系の構想	
㉕	階層別、職能別、課題別に重点を置いた教育が体系化されているか
㉖	Off-JT、OJT、自己啓発の３本柱が体系に盛り込まれているか
㉗	キャリア形成を踏まえた育成、開発、活用が盛り込まれているか
㉘	社員にとってわかりやすい体系となっているか

①階層別、職能別、課題別に、重点をおいた教育テーマが設定されているか確認する。

②人材育成の方針、目標、仕組みが織り込まれた体系になっているか確認する。

③教育の目的が明確になった体系になっているか確認する。（知識習得、態度変容、課題解決、実務能力の習得、OJT強化などが「集合教育」「OJT」「自己啓発」の教育体系に盛り込まれており、かつ重点が明確になっていること）

④教育計画を実施する場合の、集合教育、OJT、自己啓発などの方法や内容、対象を整理する。

⑤キャリア形成を踏まえた人材の育成、開発、活用などが盛り込まれているか確認する。

▶（5）教育体系図の作成

■5．教育体系図の作成	
㉙	各種教育内容の位置づけ、階層別、職能別、課題別研修内容の再点検、新規研修内容の追加などを行ったか
㉚	教育体系、教育プログラムが職務内容と連動しているか

①体系に盛り込む各種教育内容の位置づけ、階層別、職能別、課題別研修内容の再点検、新規研修内容の追加などを行って全体図として整理する。

②一般的な体系図（人事基本フレームを用いる）とするか、誰が見てもわかりやすい図となっているか確認する。

③役割、資格制度や人事諸制度と教育が連動しているか確認する。

④教育体系、教育プログラムが職務内容と連動しているか確認する。

⑤出来上がったものをまとめ、一覧表に整理し作成する。

▶（6）教育実施計画の作成

■6．教育実施計画の作成	
㉛	計画的・継続的な体系を踏まえた教育計画になっているか
㉜	実施計画は体系の具体的内容がわかるよう、テーマ、対象、内容、教育方法、実施時期などが明記されているか
㉝	教育の重点目標・方法や、内容・対象を明確にしているか
㉞	実施する研修プログラムの概要を作成し、実施要領を決めたか

①教育体系図の具体的内容がわかるように、テーマ、対象、内容、教育方法、期間などが明確になっているか確認する。階層別（職層別）、職能別（職種別）、課題別（目的別）に研修の対象者・内容・方法についての概略を示す。（教育体系内容）

②教育の重点目標・方法や、内容・対象を明確にする。

③計画的・継続的でニーズを踏まえた教育計画になっているか確認する。

④実施する主要な研修プログラムの概要を作成し、実施要領を決める。

6 教育体系の見直しのタイミングと進め方

　教育体系を見直す場合の手順は、経営環境の変化、経営からの課題や人事・組織からの課題などに変化があるか否かを確認し、その変化を踏まえた新たな教育ニーズの把握や期待される人材像、人材育成方針の再確認などを行って、教育体系を見直します。

▶（1）教育体系の見直し時期

　教育体系は人事制度と同様、経営理念、ビジョン、戦略、事業計画などを踏まえて策定します。したがって、戦略が変われば求められる人材像も変わり、人材育成の内容も連動して見直す必要が出てきます。

　以下の状況が発生したときなどが、見直しのタイミングです。

　①経営者が交代したとき

　②経営戦略や事業戦略が変更されたとき（中・長期計画が策定されたとき）

　③組織体制が大きく変更されたとき

　④企業の統廃合や合併など、企業自体の変更が生じたとき

　⑤人事考課制度などの人事制度や仕組みを変更したとき

　⑥現在の教育体系が策定されてから3年以上経過したとき

▶（2）全面的な見直しの進め方

　全面的に教育体系を見直す場合は、「なぜ見直すのか」について見直す理由と意義を、経営トップ層や社員に丁寧に説明し、納得してもらうことが大切です。そして、「どこを見直したのか」を明示し理解を得ることが必要です。

　見直しの手順は、本書で述べている教育体系の作成手順に沿って、手順1からステップを踏んで進めます。その際は、すべての項目を見直し変更するのではなく、前回の教育体系が作られた時から現在に至るまでに変化した点を確認して、見直す必要のある場合はその部分を見直し変更していきます。

　教育体系の全面的見直しは、経営環境の変化を考慮すると、中・長期計画を策定した時期ごとに見直すことが必要でしょう。

▶（3）部分的な見直しの進め方

　以下の変化が発生した場合には、該当部分を見直す必要があります。全面的に見直す場合と比較すると、見直す範囲は狭いのですが頻度は多くなります。理想的には、「新年度」に毎年定期的に確認と見直しを行

うことが、結局は負担も少なく望ましいでしょう。

①毎年度、または教育体系策定後3年が経過したとき

②社員の意識調査を実施したとき

③全社員を対象に新たな教育プログラムを展開するとき（コンプライアンス研修やメンタルヘルス研修、グローバル人材の育成プログラムの導入時、人事諸制度や組織体制の変更時など）

④人事制度の改定時（人事考課制度の改定時、目標管理制度の導入時など）

⑤新卒者の定期採用や社会人中途採用の開始など、新たな対象者が発生するとき

変化の早い昨今においては、一部分の改訂でもよいので、毎年確認し見直すとよいでしょう。

第2節 教育調査の方法と進め方

　教育調査は、自社の人材育成の現状を正しく捉え、人材育成の問題点や課題、育成ニーズをつかむなど、教育体系を作るための育成方向性やテーマを把握するために欠かせない情報を収集することを目的に行います。

　第2節では、教育体系の整備・作成に必要な情報を収集するための教育調査について、その考え方と進め方を解説します。

1 教育調査の目的と必要性

　教育調査は自社で行われている人材育成の現状を把握したり、今後の人材育成のあり方を検討するために必要な情報を得るために行います。自社の人材育成上の問題点や課題を把握したり、解決策や対応策の方向性、育成ニーズを探ります。

　教育調査で集められた情報は、育成上の問題点と課題を整理して、教育体系（教育方針、期待する人材像、役割・期待能力、教育体系図）の構想を練る際に活用されます。その後、教育体系構想に基づいて、教育研修プログラムの設計や実施時期、予算などをまとめた年度教育計画が作成されます。

　また、教育調査は教育体系の作成や整備を行う際に必要な教育を実施する根拠となる情報、例えば「なぜこの教育を実施するのか」「経営の求めるニーズを満たしているのか」「対象者にとって必要とされている教育なのか」などを得ることができます。

　したがって、教育調査が不十分だと、場あたり的で効果の上がらない、さまざまなニーズに応えられない教育になりがちです。また、経営ニー

ズが反映されていなければ効果も期待できず、経営の理解を得ることが難しくなります。教育調査による事実に裏付けられた、明確な根拠にもとづく育成施策を立てることが何よりも大切です。

なお、教育体系の作成、見直しは経営トップによる判断を仰ぎ、実施にあたっての巻き込みが重要な鍵となります。自社での取り組みにあたっては「教育体系の作成、見直しの提案」といった企画書をトップに提案し、了解を得ておくことが大切です。

提案内容は、以下の５項目を基本事項として盛り込み、作成します。

〈教育体系構築の教育調査提案〉
①教育体系構築の必要性と背景
②教育調査の成果物と期待効果
③実施内容、方法、期間
④実施の組織体制
⑤予算、教育費用

2 教育調査の種類と方法

教育調査は、主に４つの方法を活用します。
①資料分析調査
②インタビュー調査
③アンケート調査
④業務洗い出しによる能力整理調査

各調査はそれぞれ単独で行うのではなく、複数の調査方法を組み合わせて、効率的・効果的に進めます。例えばインタビュー調査を主にして、アンケート調査で補完するなどの活用です。

経営幹部や部長層には個別にインタビュー調査を行い、対象人数の多い課長などの管理者層にはグループインタビューや業務洗い出しによる能力整理調査を行う、また一般社員対象にはアンケート調査と業務洗い

出しによる能力整理調査を行うなど2つ以上の方法を組み合わせて調査の効率性と精度を高めます。実施対象人数や参加比率は企業規模にもよりますが、全体の20％から30％が適切です。

このほか、社員意識調査（モラルサーベイ）や人事考課、目標管理シートの情報を活用したり、OJT計画書、自己申告書の記述内容、昇進昇格試験の結果なども、社員の意識や能力の現状、育成ニーズを把握する上で大切な情報となるため、可能な範囲で活用します。

また、「人材育成委員会」などを活用して、各部門における育成ニーズを収集することも有効です。さらには、過去に行った社員意識調査の結果や研修アンケートの結果、講師の所感なども対象者の育成ニーズを把握する上で活用すべき情報源です。

〈図表018〉 教育調査の方法

調査方法	進め方、内容	対象
1．資料調査	1．会社概要、組織図、経営理念、行動指針、経営ビジョン、事業計画書 2．業績推移、会社の歩み、社内報 3．経営計画、人事戦略施策 4．人事諸制度（資格制度、教育制度、自己申告制度、人事考課制度、昇進・昇格制度、目標管理制度） 5．業務分掌規程、階層別・職能別人員構成表、職能要件・職務記述書 6．教育関連資料（教育計画、教育実績） 7．業務マニュアル類 8．社員意識調査結果	・人事教育スタッフ ・経営企画スタッフ

2．インタビュー調査	1．経営トップ層へのインタビュー ・方針の確認と社員への期待 ・経営上の短期的、長期的課題など 2．管理職層インタビュー ・自部門での短期、長期の課題 ・仕事上の課題 ・教育への要望など	・社長、役員層 ・管理監督者層の選抜者
3．アンケート調査	1．管理者・一般社員対象のアンケート ※対象人数が多い場合に実施 ※インタビューの裏付け補足資料で活用 ※対象数や遠隔地、拠点数の多い場合 2．対象者が大人数の場合や事業場が分散 　している場合のアンケート	・管理監督者層 ・一般社員層
4．業務洗い出し能力整理調査	1．業務の洗い出し 2．知識、技能、技術の整理 3．能力要件の整理 4．能力開発施策の検討など	・職群別、職種別の選抜メンバー

3 資料分析調査の考え方と進め方

▶（1）調査の目的

　資料分析は、企業の特性、人材育成の考え方や背景を知り、人材育成課題を把握するための基礎情報を収集することが目的です。その上で、人材育成における問題点や課題を整理します。

▶（2）主な基礎資料（〈図表018・019〉参照）

　教育体系を作成するにあたって収集する資料は、主に以下に示す資料です。

　①経営理念、社是、行動規範（行動指針）、経営ビジョン

　②組織図、構成人員（所属別人員、年齢構成）

③経営戦略、中期経営計画、人事戦略施策、人事諸制度・規程

④モラルサーベイ、組織診断の診断結果など

▶（3）資料分析の進め方

資料が集まったら、それぞれ必要な情報を下記の視点から抽出し、〈図表020〉のまとめ表に記入し、整理します。

①事業に対する考え方、方向性を確認する。

②事業の特性から必要な人材要件を推測する。

③人事基本フレーム（全社的な社員の区分）における、求められる人材要件を把握する。（職能要件書、職務基準書など）

④経営理念、社是、社訓、行動基範、行動指針などの資料から基本的で根本的な考え方を確認し、人材育成とのつながりを推測するキーワードを抽出する。加えて、経営理念を実現していく上での人材育成の方向性を抽出する。

⑤組織図、構成人員（所属別人員、年齢構成）

人材育成、能力開発を支援する部署、想定される関係などを確認する。

人材の過不足や、育成ターゲットの想定を行う。また、所属別人員や年齢構成（年齢別要員）のデータを分析し、人的資源の強化点を探る。

⑥戦略、中期経営計画、人事戦略施策、人事諸制度などの資料

事業戦略、中期経営計画や人事戦略施策などで会社が取ろうとしている方向や施策を理解し、必要とする人材の要件や分野を想定する。

⑦モラルサーベイや組織診断などの診断結果

会社に対する社員の見方、考え方を把握する。調査内容から、会社の弱み・強みや施策の実行度合いの実態（傾向）、人材育成に関わる能力や意欲の実態を把握する。

⑧人事諸制度を理解できる資料、規程などの資料

資格等級制度の枠組み、昇格・降格、ローテーション、人事評価や人材育成などの内容を理解し、諸制度全体の整合性や補強点を確認

する。

⑨経営環境や社会の要請

自社を取り巻く経営環境の変化やその方向性、トレンド、社会的責任や時代の要請など幅広い視野・観点から社員に求められている能力や態度、姿勢などを探る。

▶（4）資料分析の着眼点

基礎資料などさまざまな資料を集めて内容を分析する際に、それぞれの資料をどのような着眼点で分析し、どのような情報を抽出すればよいのかを〈図表019〉「資料分析の着眼点」にまとめたので参考にして下さい。

▶（5）資料分析のまとめ方

収集した資料から得られた、人材育成に関連のある情報を抽出して整理します。〈図表020〉「資料分析およびインタビュー調査のまとめ表」を活用して、得られた情報を該当する項目ごとに記入して整理して下さい。

〈図表019〉 資料分析の着眼点

分類	資料名	分析の着眼点
経営に関する資料	１．経営理念	自社が大切にしている価値観、期待する考え方や行動を確認する
	２．経営目的	自社がどのような経営目的をもって経営を担うのかを確認する
	３．経営計画	どのような事業の展開を計画しているのかを確認する
	４．年度目標・方針	各部門の今年度の目標、重点分野、力点を置く施策などを確認する

第2章 能力開発・教育体系の作り方と見直し方

	5．人事戦略	どのような人材を採用し、育成・配置するのかを確認する
人事・組織に関する資料	6．行動指針	社員に期待し、求めている考え方や行動を確認する
	7．人事制度資料	教育体系化の区分基準や、評価と教育の連動、資格別、階層別、職能別の期待能力を検討する
	8．組織図	事業や管理の区分・人数を確認する
	9．人員表	教育対象者の人員の割り出しやインタビュー調査の対象者の検討を行う
	10．人事考課表自己申告書	評価結果の全体、または部門別の傾向から、開発すべき能力を検討する
	11．業務マニュアル	業務遂行上で必要とされる能力（知識・スキル・行動）を検討する
人材育成に関する資料	12．過去の教育実績	教育に盛り込むべき項目や研修カリキュラム、および今までに実施した教育内容、教育の効果、回数や時期、対象者などを確認する
	13．他社の人事制度や教育体系	他社と自社の教育体系や研修内容、方法の違いなどを確認し参考にする
	14．一般的な教育研修情報	ネットや書籍など、世間一般の教育情報やトレンドから自社の教育の参考にする

〈図表020〉 資料分析およびインタビュー調査のまとめ表の例

	経営理念	行動規範	人事制度	経営・事業戦略
期待する人材像	・社員全員が常に革新的姿勢で業務にあたり、事業展開、営業活動、研究・開発、業務・経営革新に取り組むことにより、絶えず成長・発展を図る ・顧客第一ーマーケットイン 常に顧客の立場に立って考え行動し、顧客に役立つことにより当社も適正な利潤を頂くことを基本とする	・信頼 お客様からの継続した信頼の獲得を目指し、誠実、親切、共生に心がける ・感謝 お客様や関係各位への感謝の気持を忘れずに、社業と業務に対する誇りをもって、さらなる自己研鑽に努める	・一人ひとりの「能力・意欲・創意」の発揮と尊重により、「活力溢れる組織」を実現する ・働きやすい職場の提供 社員が安心して、伸び伸びと仕事にチャレンジ出来る空間を提供し、社員が仕事を通し、成長出来るような環境の整備に努める	・2020年度までに、既存事業で売上○○○億円を、新規参入事業による売上△△億円を、□□社との事業提携により達成する ・国内市場の売り上げ構成比率を65％、海外市場での売上を35％に高めることにより、◇◇市場で国内売上No1を目指す ......
教育に対する考え方	・常に顧客・株主などステークホルダーに対する意識と、高付加価値の提供できる能力の育成	------	・会社の期待像と、一人ひとりのキャリアデザインの統合のもと、その実現への支援、および学ぶ機会の提供を通じて期待する人材を育成する	・新規事業参入に伴う、新技術や新市場開拓に必要な教育研修を集中して行う
教育の目的	・チャレンジ精神を持って、常にお客様の価値満足を高い品質で提供する能力の醸成	・顧客満足へ意識涵養、利他の精神、法令順守、倫理観の醸成	・経営理念と行動規範の実現と、一人ひとりの社員のキャリア開発を員現を通じて、会社および社員、関係者の幸福と繁栄を実現する	・新規事業遂行に必要な能力の習得
教育の手段	・集合教育や自己啓発制度の活用、職場ミーティングでの対話の場を活用	左に同じ	左に同じ	・新規事業参入に伴う能力習得を、○○教育センターを活用して集中実施
管理者に対する期待	・コンプライアンスやCSマインドを持ち、高い倫理観のもと、事業発展へのリーダーシップを発揮する	・職場のまとめ役として若手を引っ張り、組織目標達成むけて、管理者と連携して取り組む	・部下の指導育成を管理者の職責として捉え、職場内での育成を図る	------ ------ ------
若手中堅社員への期待	・失敗を恐れず果敢に挑戦する気概と自己研鑽を怠らないマインドを持って行動する	・チャレンジ精神を発揮すべく、価値観の見直しと、営業マーケティング力、プロジェクトマネジメントの習得		・新事業への意欲ある人材の確保

4 インタビュー調査の考え方と進め方

▶（1）調査の目的

　インタビューの目的は自社の経営環境や事業の変化にともなう人材育成の課題、業務遂行上の人材育成・能力開発の課題や教育ニーズを明確化するための参考情報を得ることです。

　インタビューにおける情報は、社内各階層・職種の社員から具体的な生の情報を抽出し、問題点や課題の設定を行います。

▶（2）調査の進め方

①インタビューは個別とグループを使い分けて行う
②個別インタビューは、基本的に上級管理職（事業部長、部長）以上に適用し、課長以下のメンバーにはグループインタビューを適用する
③対象者の資格、階層、職能、職種などが偏らないように設定する
④対象層に応じてインタビューで聴く内容を整理する〈図表021〉
　　・社長、役員
　　・事業部長、部長
　　・課長
　　・係長、主任、リーダー、社員

▶（3）インタビュー項目

　インタビューは基本的にトップや経営幹部、上級管理者に対して実施します。

　インタビューの主な項目としては以下のものが考えられますが、各社の状況や対象者に応じて工夫するとよいでしょう。

〈経営幹部・上級管理者へのインタビュー項目の例〉
①当社の経営理念・行動規範に込められた思い、大切にしたいことは何ですか？

②社員が共有すべき価値観は何ですか？

③将来に向けた経営ビジョンをお聞かせください。

④当社における当面の経営課題は何ですか？

⑤将来想定されるリスクはどのようなことですか？

⑥当社がさらに成長発展していくためには、何が必要ですか？

⑦経営環境（産業動向、業界環境、競合他社状況）から見た、当社に必要な人材とはどのような人材ですか？

⑧当社の人材戦略、人材育成について、どのようにお考えですか？

⑨職場での育成、能力開発に対する具体的なニーズは何ですか？

⑩今後必要な教育は、どのようなテーマですか？

⑪社員の各区分で、期待する役割・能力は何ですか？

　・管理者にどのようなことを期待しますか？

　・係長・主任にどのようなことを期待しますか？

　・中堅社員にどのようなことを期待しますか？

　・若手・新人にどのようなことを期待しますか？

　・女性社員にどのようなことを期待しますか？

⑫当社の人材育成、能力開発に対してどのような期待をお持ちですか？

⑬当社の人材育成、能力開発の問題点、課題は何ですか？

　対象者別インタビュー項目例〈図表021〉を参考にして、インタビューシートを作成し、手際よく実施します。上層部になるほど時間的な制約がありますので、トップなら30分程度で、部長層や課長層であれば1時間程度で行います。◎は必須項目です。

　インタビュー後に「資料分析およびインタビュー調査のまとめ表」〈図表020〉にポイントを記入します。項目別、対象別に重複していても列挙してください。

〈図表021〉 対象者別のインタビュー項目例

インタビュー内容	インタビュー対象者			
	個別 社　長 役　員	個別 事業長 部　長	グループ 課　長 監督者	グループ 係　長 主　任
当社における当面の経営課題は何ですか？	◎	○		
経営環境（産業動向、業界環境、競合他社状況）から見た、当社に必要な人材とはどのような人材ですか？	◎	◎	○	
人材戦略、人材育成に対する考え方についてどのようにお考えですか？	○	◎	◎	○
社員に身に付けさせたい価値観、行動、能力、態度・姿勢は何ですか？	○	○	○	○
職場の育成、能力開発に対する具体的なニーズは何ですか？		○	◎	○
社員区分別に期待する役割とは何ですか？	○	◎	○	
当社の人材育成、教育に対する期待は何ですか？	◎	○	○	
当社の人材育成、教育の問題点・課題は何ですか？	○	◎	○	
職場の人材育成、教育の問題点・課題は何ですか？			◎	○

〈図表022〉 インタビュー調査のまとめ表の例

ヒアリング項目	対象者		
	社長・役員	事業本部長・部長	課長・監督者
当面の経営課題	・事業の成熟化 ・少子化と市場の縮小	・イノベーション ・新市場の開拓	
必要な人材像	・リスクを恐れずチャレンジする人 ・経営視点を持ち事業に当たれる人材	・自ら考え行動する人材	・自分の考えを正しく伝え、周囲を巻き込んで実現する社員
人材戦略、育成の考え方	・新規参入業界で活躍できる人材の育成と調達 ・新製品開発とマーケティング技術者	・ビジョンを描き事業戦略を構築できる人材の育成	・未経験の仕事にチャレンジできる人材の育成 ・マーケティング
育成、能力開発ニーズ	・経営理念の浸透と行動力醸成	・ビジョン構築と戦略策定力の強化	・問題解決力と企画力の強化
人材育成、能力開発への期待	・機会平等と自己責任	・自己開発の機会提供	・若手社員のモチベーション向上
人材育成、能力開発の問題・課題	・経営方針・戦略との連動	・幹部候補者教育の実施	・繁忙期開催を避ける

第2章 能力開発・教育体系の作り方と見直し方

階層別の期待枠割	部門長・部長	・戦略思考による事業推進者 ・リーダーシップ力	・部門業績向上への戦略・戦術策定、ビジョン構築	
	課長・監督者	・部門目標達成と率先垂範 ・マネジメント力向上	・業績責任と部下の指導育成	
	係長・主任	・上司補佐と若手社員の指導育成	・後輩指導、OJTリーダー	・課長補佐と職場のまとめ役
	若手・中堅社員	・自立と自律、自分で考え行動する人材、チャレンジする人	・チャレンジ精神と行動力	・指示待ちから自ら考えてリスクを恐れず実行する
	新入社員	・既成概念の打破	・社会人への意識転換	・基本動作の習得

5 アンケート調査の考え方と進め方

▶（1）調査の目的と活用方法

　アンケート調査は対象層や対象者の人数が多いときや、調査対象箇所が広域に分散している場合などに、インタビュー調査の補足情報を得るために行われます。必要な情報を短時間に効率的に情報を得ることが可能な調査手法ですが、情報の精度がやや信頼性に欠けることから、単独で実施するのではなく、他の調査手法の補足として活用するのがよいでしょう。

▶（2）アンケートの質問項目

　アンケート項目は、対象層・対象者の育成ニーズを掴むための情報を得ることが目的ですので、質問の範囲を広げすぎないように、かつ狭く限定しすぎないよう、目的に沿った質問を検討します。アンケート実施の対象層は、若手・中堅・監督者層の中から20％ぐらい抽出します。20分ほどで記入してもらう量がよいでしょう。本人の職務遂行上の質問、職場や部門の仕事の進め方や、問題点や改善点、自己開発に必要な能力（知識・スキル・態度意欲）についての質問が一般的です。基本的にはインタビュー調査の項目に準じて設定するとよいでしょう。

▶（3）調査の留意点

　アンケート票を作成する際に留意する点を記します。

①記名式か無記名式かは悩むところですが、社内で実施する際は記名式をお薦めします。回答内容に責任を持っていただくことと、後で確認したい時に必要なためです。

②調査目的を明確に記すことが大切です。何の目的で行う調査なのか、調査目的が正しく伝わるよう記述すれば、対象者の協力を得ることができます。

③回答者の個人情報が特定されないよう配慮することを案内文に明示します。こうすることで回答者は安心して、本音で回答することができます。

〈図表023〉 アンケート調査票の例

一般職用「人材育成に関するアンケート」

以下の質問にお答え下さい。

①「はい/いいえ/どちらとも言えない」の当てはまる所に○印をつけて
下さい。

②記述式では、ご自身のお考えやご意見をお書き下さい。

■理念・方針について

1. 当社の経営理念や行動指針は、職場に浸透していますか。

はい	いいえ	どちらとも言えない

2. あなたご自身は、日頃経営理念や行動指針を意識して仕事をしていま
すか。

はい	いいえ	どちらとも言えない

3. あなたの職場の方針や目標は、メンバーと共有されていますか。

はい	いいえ	どちらとも言えない

4.「いいえ」の方にお尋ねします。共有されていない理由は何だと思われ
ますか。

■職場の風土・問題について

5. あなたの職場に解決すべき問題があるとしたら、どのような問題ですか。
（仕事の面、職場の風土、人間関係の面からお考え下さい）

記入例「○○が問題である。□□が△△だから」という形でお書き下さい。

6. 職場の上司・先輩・同僚・後輩・他部署やパートナー会社とのコミュ
ニケーションやチームワークは良好ですか。

はい	いいえ	どちらとも言えない

7. 「いいえ」の方にお尋ねします。その理由は何だと思いますか。

（例：上司の指示の仕方があいまい・チームで協力し合う風土がない・部門間連携が…であるなど）

記入例：「○○が△△であるから」

8. 最近、職場でハラスメントやいじめを見たり聞いたりしたことはありますか。

はい	いいえ

■上司について

9. あなたは、上司から正しく評価されていると思いますか。または、上司は自分の仕事振りをよく見てくれていると思いますか。

はい	いいえ	どちらかと言えばそう思う

10. 「いいえ」の方に伺います。どのような所を評価して欲しいですか。または、見て欲しいと思いますか。

11. 上司や管理者には、どのようなことを期待していますか。（指導育成面・業務支援・職場作り・目標方針の明示など、何でも自由にご記入下さい）

■あなた自身について

12. あなたは今後、仕事で成果を上げるためには、どのような能力を身に付けるべきだとお考えですか。下記の３つの切り口でお答え下さい。

「知識・情報」の面	「技術・スキル」の面	「姿勢・態度・意欲」の面

13. 教育制度について

あなたは当社の教育制度について、どのようなことを期待しますか。

```
┌─────────────────────────────────────────┐
│                                         │
│                                         │
│                                         │
└─────────────────────────────────────────┘
```

■OJTについて

14. 職場でのOJTは、十分に行われていますか。

はい	いいえ	どちらとも言えない

15. あなたの職場では「業務マニュアル」や「業務概要」「端末操作取扱い
マニュアル」は、現場で活かされていますか。

はい	いいえ	どちらとも言えない

16. 「コンプライアンスの手引き」「個人情報取り扱い規程」は活用してい
ますか。

はい	いいえ	どちらとも言えない

17. 上記15・16で「いいえ」「どちらとも言えない」をつけた方に伺います。
活用されるための良い方法がありましたら、ご記入願います。

```
┌─────────────────────────────────────────┐
│                                         │
│                                         │
│                                         │
└─────────────────────────────────────────┘
```

18. 後輩社員を対象とするOJT（職場での指導や育成）を行った経験から、
課題だと思う点はどのような事ですか。（制度面や体制、方法・教材や
マニュアルなどの視点から改善すべき点をご記入下さい。）

```
┌─────────────────────────────────────────┐
│                                         │
│                                         │
│                                         │
│                                         │
└─────────────────────────────────────────┘
```

▶（4）アンケートの集計・まとめ方

　アンケート票を回収したら集計し、アンケート調査結果としてまとめます。定量式の設問は設問ごとに集計し、回答者の人数、割合（％）をグラフや表にまとめます。記述式の設問は、主な意見や同類の回答を集約してまとめ記載します。整理方法は、マトリックス法（項目別・対象別）やKJ法でまとめるとよいでしょう。

　調査結果（報告書）は、表紙・目次・調査要領・調査結果・調査から得られた情報・データ編などの構成でまとめます。特に現状の姿、および取り組むべき重点課題とその対策案のまとめが重要です。〈図表024〉はアンケートの集計・分析結果の報告書の「目次」と報告書の事例です。

〈図表024〉「人材育成に関するアンケート調査」報告書の目次例

（1）調査名
　「当社における人材育成に関するアンケート調査」
（2）調査の目的
　当社における人材育成の取組みの現状を調査し、人材育成の課題とニーズを把握し、教育体系構築の情報収集を行う
（3）調査対象　　当社管理職および一般職社員
（4）調査期間　　○○○○年○月１日～○月末日
（5）調査方法　　質問紙調査法（アンケート）
（6）調査票回収率及び有効回答数：
　有効回収率　○○％（○○名）、有効回答率100.0％
（7）回答者のプロフィール
（8）現状分析（現状と問題）
（9）課題と解決の方向
（10）対策案
（11）データ編
　・アンケート票
　・集計表
　・分析結果のデータとグラフ

6 業務洗い出しによる能力整理調査の考え方と進め方

▶（1）調査の目的

本調査の目的は、等級別・職種別に職務遂行に必要な能力の一覧表を作ることです。現在行っている業務に必要な能力（知識・スキル・意欲行動）と、今後必要となる能力を抽出し、等級別・職能別能力一覧を作成するために行います。

能力一覧は、教育体系に明示される階層別・職能別教育研修のテーマやプログラム作りで活用します。さらに社員の能力開発目標となり、部下の保有能力の把握やOJT、目標管理、キャリア開発支援などの取り組みにも幅広く活用できます。

▶（2）調査の方法と進め方

業務に求められる能力を抽出するには、いくつかの方法があります。本書では下記の「能力スキルマップ法」を中心に解説し、その他2つの方法をご紹介します。

①「能力スキルマップ法」を用いて能力整理を行う方法

「職能要件書」や「職能等級基準書」を作成するための職務調査の簡易法である「能力スキルマップ法」を用いて作成する方法です。

プロジェクトチームや職場の管理者、ベテラン社員の協力のもとに作成します。本来の職務調査・分析は専門知識や多くの時間と労力が必要となるため、今回のように教育体系を策定するための能力洗い出し「能力スキルマップ法」を用いて、能力の整理を行うことをお薦めします。

なお、全社員共通の資格等級別「職能要件書」は保有している会社も多いと思いますが、職能別・職種別のものまで作っている会社は少ないかもしれません。各部門の協力を得て部門ごとの能力一覧表を作る方法がお薦めです。

②中央職業能力開発協会の「職業能力評価基準」を活用する方法

自社の職務と近い職種レベルの「職業能力評価基準」から能力を

抽出する方法で、短時間で能力を抽出することができますが、各職場の管理者の協力を得て作成すると、より現場の実情に沿った能力抽出が可能です。

③「職能要件書」や「職務基準書」などを活用して作成する方法

短時間で効率的に作成することが可能ですが、全社員共通および職能別・職種別部門別の職能要件書があることが前提です。職能要件書がない場合は、②の「職業能力評価基準書」を自社版に活用して作成することが可能です。抽出した能力は自社で必要な能力と一致しないものもあるため、ヒアリング調査やアンケート調査などの情報を補足して信頼性を高めるとよいでしょう。

業務洗い出し調査の成果物としては、〈図表033〉の等級別や職能別の能力一覧表です。

以下、3つの調査方法についてその手順と作り方を解説します。

1.「能力スキルマップ法」による調査の考え方と進め方

本格的な職務調査と比べ、作業に必要な時間や工数は少なく実施できる方法です。プロジェクトチームなどの作業チームを編成し、メンバー主体で業務を洗い出し、能力を抽出し整理します。作成した能力一覧は、社員が能力開発目標の指針とする、各職場の業務遂行能力の評価や要員配置で活用する、部下1人ひとりの能力に基づく適切な指導・育成に用いる、あるいは目標管理にも使用できるなど、幅広い活用が可能です。

▶（1）調査の進め方と手順 ---------------------------------------

①作業チームの編成

作業は、各職場の選任メンバーと事務局による作業チームで作成します。この方法は現場の参画を得て作成することにより、現実に即した内容になることと、作成した後の各職場からの協力を得やすいというメリットがあります。

ここでは人事教育スタッフは事務局として、作業メンバーの作業

をファシリテートする形で進める方法を解説します。

　はじめに、職場ごとに作業メンバーを選出してもらい作業チームを編成します。選出の際は、職場の全員が担当している業務内容と職務遂行レベルを理解しているベテラン社員（管理者と職場のリーダークラス）を選出してもらい、「業務の洗い出しと能力整理作業」に参加してもらうよう協力を依頼します。

②準備する物

・模造紙を各ペア２枚、マジックペン黒・赤各２本。模造紙は事務局であらかじめ作表しておきます。〈図表028〉

・〈図表025〉の紙のラベル（KJラベルやポストイットなどでも良い）を各ペア100枚程度を用意します。

〈図表025〉　作業ラベル

習熟度	等級	氏　名
担当している業務内容（中項目）		

③作業の開始

　作業チーム全員に集まってもらい、事務局のファシリテーションのもと、以下の作業ステップに沿って作業を進めます。所要時間は概ね３時間ほど見ておくとよいでしょう。

④ラベルの記入方法

　自職場のメンバーが担当している業務内容を、職場の全員分漏れなく書き出します。ラベルには、「氏名」「等級」「業務内容」「習熟度」を記入します。

　この記入作業は、事前に各職場のメンバーに自分が担当している業務内容を記入してもらえば、作業チームの作業時間を大幅に節約できます。

・「等級」欄には、その業務を担当している社員の資格等級を記入し

ます。

・「習熟度」は、その業務の腕前を以下の5点評価で記入します。

5＝詳しく知っている、人に教えられる（専門家レベル）

4＝よく知っている、よくできる（ベテランレベル）

3＝最初から最後まで一人でできる（一人前レベル）

2＝少しは知っている、指導を受けてできる

1＝何も知らない、できない

・「業務内容」は、業務の基本単位を記入します。〈図表026〉

業務のひと固まりを記入します。これ以上細かく分解すると動作となってしまい、業務の基本単位でなくなってしまいます。〈図表027〉を参考にして記入しましょう。

〈図表026〉 ラベル記入例

習熟度　4	4　等級	氏名：　市ノ川一夫
人事課の年間・月間の業務計画の立案・調整		

〈図表027〉 業務名と業務内容の記入例

業務名（大項目）	具体的な業務内容（中項目）
管理業務	・年間、月間業務計画の立案、調整
	・業務進捗状況の把握、推進、報告
	・部下の人事考課とフィードバック
	・部下への指示、指導、情報の伝達
人事業務	・人事制度改定案の立案
	・人事制度改定案の資料収集、整理
	・要員調査の実施と要員計画の立案
	・組織役職制度改定案の立案

⑤模造紙に、同じ業務内容が書かれたラベルを張っていきます。

ラベルの記入が終わりましたら、模造紙の表に張り付けていきます。

・まず、ラベルを1枚読み上げ、該当する「習熟度」欄に置きます。

・次に、他に同じ業務内容が記入されたラベルがあれば、習熟度欄の該当するマスに置きます。

・他のラベルも同様にして、すべてのラベルを置いていきます。

・張り終えたら、「本来行うべきだが、現在未実施の業務」についてラベルに記入し、一人前にできる習熟度3のマスに置きます。

・さらに、「今後、行うことになると思われる業務」があれば、同様にしてラベルを作成して並べます。〈図表028〉

〈図表028〉 業務洗い出し能力整理作業表1

業務名 (大項目)	業務内容 (中項目)	等級	習　熟　度				
			5	4	3	2	1
				■■	■	■	
			■	■■	■■	■■	■
				■■■	■■	■	■
			■	■	■	■	
			■	■	■	■	
			■	■■			■
				■	■	■	

⑥すべてのラベルをマスに置いたら、次に、いま並べ終えたラベルを見ながら、一行ごとにその業務に相応しい「業務名」を付けて記入し、さらにその業務の内容を「業務内容」に記入します。「業務名」は大項目をイメージしてください。「業務内容」は中項目となり具体的な業務内容を記入します。〈図表029〉

〈図表029〉 業務洗い出し能力整理作業表2

業務名 (大項目)	業務内容 (中項目)	等級	習　熟　度				
			5	4	3	2	1
管理業務	業務計画立案			■	■		
管理業務	進捗状況管理・部下指導育成		■	■	■	■	■
管理業務	人事考課の実施企画			■■	■■		
管理業務	部下指導育成		■	■	■		
人事業務	要員計画の立案		■	■	■		
人事業務	人事制度の改定準備		■	■	■		■
人事業務	会議制度の構築			■	■	■	

　⑦次に、それぞれの業務を一人前に担当できる社員は「何等級」が妥当であるかを決めて、「等級」欄に数字を記入します。「職能要件書」や「職能資格基準書」を照らし合わせながら等級を検討するとよいでしょう。〈図表030〉

〈図表030〉 業務洗い出し能力整理作業表3

業務名 (大項目)	業務内容 (中項目)	等級	習　熟　度				
			5	4	3	2	1
管理業務	業務計画立案	6		■	■	■	
管理業務	部下指導育成	5	■	■	■	■	
管理業務	人事考課の実施企画	5		■■	■■	■	■
管理業務	進捗状況管理・部下指導育成	4		■	■	■	
人事業務	人事制度の改定準備	6	■	■	■		
人事業務	要員計画の立案	5	■	■	■		
人事業務	会議制度の構築	4		■	■	■	

　⑧書き終えたら、等級数の多い順に並べ替えます。
　模造紙を一行ごとにハサミで切り離し、並べ替えると作業が早いでしょう。〈図表031〉

〈図表031〉 業務洗い出し能力整理作業表４

業務名 （大項目）	業務内容 （中項目）	等級	習熟度 5	4	3	2	1
管理業務	業務計画立案	6		■	■	■	
人事業務	人事制度の改定準備		■	■	■	■	
管理業務	部下指導育成	5		■	■	■	■
管理業務	人事考課の実施企画		■	■	■	■	■
人事業務	要員計画の立案		■	■	■		■
管理業務	進捗状況管理・部下指導育成	4	■	■	■		
人事業務	会議制度の構築			■	■	■	

⑨下記の模造紙を作り、各等級に必要な知識とスキル、姿勢・態度・意欲を記入します。〈図表032〉

〈図表032〉 業務洗い出し等級別能力一覧表１

業務名	業務内容	等級	役割	知識	スキル	態度/意欲
管理業務	業務計画立案	6		--------	--------	--------
人事業務	人事制度の改定準備			--------	--------	--------
管理業務	部下指導育成	5		--------	--------	--------
管理業務	人事考課の実施企画			--------	--------	--------
人事業務	要員計画の立案			--------	--------	--------
管理業務	進捗状況管理部下指導育成	4		--------	--------	--------
人事業務	会議制度の構築			--------	--------	

⑩最後に役割の欄に、職能要件書や業務内容から役割を記入して完成させます。〈図表33〉

〈図表033〉　業務洗い出し等級別能力一覧表2

業務名	業務内容	等級	役割	知識	スキル	態度/意欲
管理業務	業務計画立案	6	--------	--------	--------	--------
人事業務	人事制度の改定準備		--------	--------	--------	--------
管理業務	部下指導育成	5	--------	--------	--------	
管理業務	人事考課の実施企画		--------	--------	--------	
人事業務	要員計画の立案			--------	--------	
管理業務	進捗状況管理部下指導育成	4	--------	--------	--------	
人事業務	会議制度の構築			--------	--------	

▶（2）調査結果の活用法

　完成した能力一覧表は、さまざまな日常の場面で活用することができます。例えば、次のような場面で活用するようにしてください。

- ・OJTを実施する指針として活用する
- ・研修プログラムや目的を検討する際に活用する
- ・個人別のスキルチェックに活用する（自己の能力チェックを行い、自己啓発目標とする）
- ・職場内の業務割り当て（管理者が職務の拡大、職務の充実）に活用する
- ・目標管理における目標設定の際に活用する

　なお〈図表030〉を次の〈図表034〉のように、「習熟度」の欄を「社員名・等級」に加工して社員ごとに担当する業務の習熟度を5段階表示すると、社員別の業務習熟度の一覧表ができます。職場メンバーの職務習熟度一覧表となり、誰がどんな業務をどの程度遂行できる腕前を持っているかが一覧で見ることが可能となります。右の「平均」はメンバーの習熟度の平均です。職場における各業務の習熟度を表わしています。

〈図表034〉 社員別業務遂行能力一覧表

業務名	業務内容	等級	社員名（等級と習熟度）								平均
			A (5)	B (5)	C (4)	D (4)	E (3)	F (3)	G (2)	H (2)	
管理業務	進捗状況管理	4	5	4	4	3	3	3	2	1	3.0
	部下指導育成	5	5	5	4	4	3	3	2	2	3.5
	人事考課の実施企画	4	5	4	4	4	3	3	3	2	3.5
	要員計画	5	4	4	3	3	3	2	2	1	2.7
人事業務	人事制度の改定準備	5	4	4	4	4	3	3	2	1	3.1
	会議制度構築	3	5	5	4	4	4	3	3	2	3.7
	……	4	5	5	5	5	4	4	3	3	4.2

　この表では、職場全体と個人別の仕事の習熟状況や、業務遂行能力が把握できます。社員ごとのOJTや指導・育成ニーズの把握、職務の割り当てや目標管理などの場面で活用できることはもちろん、職場の要員数管理にも活用できます。どんな能力を持った人材がどの程度いるのかを判断する根拠となり、プロジェクトメンバー選出などにも役立ちます。管理者のマネジメントにおいて、有意義な情報となり得ますので、作成することをお薦めします。

▶（3）業務洗い出しと能力整理調査のポイント

　「業務洗い出しと能力（知識・スキル・態度意欲）抽出」の進め方のポイントを整理します。

■手順1：業務（仕事）の洗い出し

　業務の洗い出しの目的は、部門別・職種別・等級別に担当している課業（業務）を洗い出し、業務に必要な能力を整理することです。まず、部門・職場の全員が現在行っている仕事を洗い出します。毎日行

っている仕事、週単位で行う仕事、月単位で発生する仕事、年間といった具合に、部門で担っている仕事を漏れなく書き出します。

また、本来行うべき仕事や、今後新たに発生する仕事があれば、わかる範囲で追加して書き出します。管理・監督業務も漏れなく書き出します。

業務の単位で具体的に書き出し、書き出した業務の内容を見ながら、同じ種類の業務をグループに括って業務名を付けてまとめます。〈図表029〉

■手順2：業務の等級付け

業務名と具体的な業務内容を記入したら、その業務を一人前に遂行できる等級は何等級かを記入します。〈図表030〉

各業務について、その内容や複雑度、困難度などから一人前は何等級かをレベル付けを行います。

■手順3：洗い出した業務内容を整理し、等級順に並べ替える

業務内容を等級順に並べ替えて整理します。〈図表031〉

■手順4：必要な知識・技能・態度・意欲・姿勢の記述

次に各業務を遂行するのに必要な能力（知識・技術・技能）を記入します。〈図表032〉

そのポイントは次の通りです。

・業務遂行に必要な能力（知識・スキル・意欲態度）の確認

・必要な知識、技術・技能の具体的記述

・現状実施されていなくても、本来必要な業務

今後必要とされる業務については、もし一人前の社員がその仕事を行ったら、どんな能力が必要かを想定して記入します。

こうして部門別、職能別・職種別・等級別の業務と必要な能力（知識・技術・技能）の一覧表が完成します。すなわち、

①部門別の担当業務と必要能力の一覧

②等級別の必要知識・スキル・態度・姿勢の一覧

ができたことになります。

なお、併せて〈図表033〉のように各等級の役割を職能要件書など

を参考にしながら記入して完成させます。この段階では、担当業務の内容に基づいて「…を行う」「…をする」といった表現で結構です。（〈図表036〉参照）

　以上で作業チームによる作業は終了です。以降は、事務局の作業となります。

▶（4）業務洗い出し能力整理調査のまとめ方～期待する役割と能力一覧の作成 …

　作業が終了したら、下記〈図表035〉の「まとめ表」などを活用して、資格職位別、職能・職種別に必要な能力を整理します。

　①部門別・職種別に能力要件を整理する

　②部門別・職種別に育成、能力開発施策を抽出する

　期待する役割・能力とは、階層区分ごとに「期待している役割」や、発揮して欲しい「能力」は何かを明確にしたものです。人事の基本フレームである階層区分や職能・職種区分に合わせて、役割・能力などを「業務洗い出し整理調査」の情報を活用して、体系的に整理して記載します。社員に期待される役割を発揮するために必要な能力となります。

〈図表035〉　期待する役割と求められる能力（階層別）まとめ表

職位又は資格	役割	能力
部長	・------------------------------ ------------------------------	・------------------------------ ------------------------------
課長	・------------------------------ ------------------------------	・------------------------------ ------------------------------
係長	・目標達成のための課題解決を行う ・業務の遂行、改善をすすめ効率の良い職場を作る	・課題解決能力 ・指導能力、育成能力 ・マネジメント基礎能力 ・役割遂行能力

〈図表036〉 期待する役割と求められる能力一覧の例

職位	基本的役割	主要遂行能力
部　長	・部門業績の向上に貢献する ・会社方針に沿った部門戦略の策定と運営を担う ・部門戦略を推進する組織体制を確立する	・経営戦略力 ・事業改革力 ・組織化力 ・後継者育成能力
課　長	・担当部署の業績向上に貢献する ・部門戦略策定への参画と提案を行う ・部下の能力向上、育成を行う ・部長の補佐を行い、部門目標を達成する	・マネジメント能力 ・戦略策定能力 ・部下指導・育成能力 ・課題設定解決能力 ・リーダーシップ開発
係　長	・目標達成のための課題解決を行う ・業務の遂行、改善をすすめ効率の良い職場を作る ・後輩指導を行う ・課長の補佐を行い、課目標を達成する	・課題解決能力 ・指導能力、育成能力 ・マネジメント基礎能力 ・役割遂行能力
主　任	・担当業務の遂行を完全に行う ・業務の改善、維持に取り組む ・チームワークの向上を図る ・後輩指導を行う	・問題発見、解決能力 ・業務改善能力 ・業務完遂能力 ・後輩指導能力
一　般	・担当業務を確実に遂行する ・的確な報告、連絡、相談を実行する ・指示、命令を遂行する	・問題解決の基礎能力 ・業務処理能力 ・基本動作、基本態度 ・文書作成能力

第2章　能力開発・教育体系の作り方と見直し方

〈図表037〉 期待する役割と求められる能力（職能別）まとめ表

職位又は 資格	開発系		技術系		製造系		営業系		管理系	
	役割	能力	役割	能力	役割	能力	役割	能力	役割	能力

〈図表038〉 職能別能力一覧表の例

職種・等級：営業職５等級

役　割　：営業計画を作成し、目標達成に向けた営業活動を実行するとともに、係単位の組織の部下後輩の指導を行う。

業務名	業務内容	スキル	知　識
調　査	・市場動向の把握 ・需要動向の把握 ・競合他社の動向把握 ・顧客ニーズの把握 ・得意先実績、見込みの把握	・業界・市場動向分析 ・需要動向分析 ・競合他社分析 ・インタビュー技術 ・自社のシェア把握	・業界・市場の環境変化 ・マーケティングの知識 ・競合他社の理解
計画作成	・営業の売上計画の作成 ・利益・経費計画の提案 ・販売促進計画の立案 ・新チャネル開拓、新製品開発への企画・提案 ・営業活動計画の作成	・営業計画の立案 ・利益計画・経費計画の立案 ・販売促進計画の立案 ・企画提案・市場ニーズ把握 ・プレゼンテーションスキル	・経営計画・事業計画の理解 ・損益分岐点、原価の理解 ・営業方針・戦略の理解 ・４Ｐ戦略の理解 ・市場調査の理解
営業活動	・既存顧客への確実な提案と受注 ・新規顧客の開拓 ・顧客への販売促進策の提案 ・営業担当の日報のコメントと助言 ・チームの月度実績集計と対応策の作成 ・上司へのチーム実績の状況と対応策の報告提案 ・回収・売掛金管理、債券管理 ・クレーム処理、再発防止の提案 ・職場の課題解決に向けた改善活動	・交渉説得力、プレゼンテーション力 ・キーマン探し、提案力 ・製品の特性分析 ・ABC分析、接待交際術 ・与信限度額設定 ・クレーム対応、交渉術 ・再発防止の提案 ・問題解決、改善手法	・得意先ABC分析の理解 ・競合他社の把握 ・製品のセールスポイント理解 ・QCの知識 ・手形・債券の知識 ・契約の知識
部下・後輩の統率	・チームワークの推進と個別コミュニケーションの実行 ・営業活動の指導・支援 ・部下指導、動機づけ ・チームミーティングの実施	・チームワーク、コミュニケーション力 ・指導、支援スキル ・コーチングスキル ・会議運営技術	・コミュニケーション技法の知識 ・部下の営業活動の把握 ・部下後輩の特性把握 ・営業方針、目標、課題の理解

２．「職業能力評価基準書」を活用する方法

▶（１）職業能力評価基準書とは

　厚生労働省から受託している株式会社日本能率協会総合研究所が、無料で提供している「職業能力評価基準」を活用して、能力を抽出する方法です。自社の「職能要件書」や「職務等級基準書」を持たない場合に活用すると便利です。

　「職業能力評価基準」とは、ある仕事をこなすために必要な「知識」と「技術・技能」「成果につながる職務行動例（職務遂行能力）」を、業種別、職種・職務別に整理したものです。

　「職業能力評価制度」の中心をなす公的な職業能力の評価基準で、採用や人材育成、人事評価など、さまざまな場面で活用できます。

　職業能力評価基準ポータルサイトのホームページには、現在54業種275種の職業能力基準が掲載されており、無料でダウンロードできます。また「職業能力評価基準」に加え、企業が人材育成に取り組む際に、より簡単に利用できるツールとして「キャリアマップ」と「職業能力評価シート」を漸次作成・整備しています。活用の仕方についての講習会や窓口での無料相談も実施していますので、活用するとよいでしょう。（職業能力評価基準ポータルサイトURL：https://www.shokugyounouryoku.jp/）

　ダウンロードした「職業能力評価基準書」を使って、自社の「職能要件書」を作成することもできます。評価基準を使って作成した職能要件書を掲示しましたのでご参考にしてください。〈図表041〉

　また、人事考課シートや職能要件書、職務能力評価シート、ＯＪＴシートなどにも転用できます。

〈図表039〉 職業能力評価基準（事務職人事企画業務レベル２の職務基準）

レベル1 スタッフ	レベル2 シニア・スタッフ	レベル3 スペシャリスト	マネジャー	レベル4 シニア・スペシャリスト	シニア・マネジャー

ユニット番号 00S012L22

選択 能力ユニット	能力ユニット名	人事企画
	概　要	職群・資格制度、人事評価、職務分析・職務評価等の各種人事制度の設計及び運用を行う能力

能力細目	職務遂行のための基準
①人事制度に関する企画と立案	○ 人事制度に関する専門的知識を有し、上位方針を踏まえて職群コース体系、等級制度、専門職制度等の立案を行っている。 ○ モラール・サーベイ等を企画・実行し、その結果を的確に分析している。 ○ 人事評価をめぐる最新動向を把握し、人事評価制度や各種のアセスメント、評価者訓練等に関する運営計画を立案している。 ○ 昇進・昇格制度の目的を理解し、人事制度全体と整合した昇進・昇格制度の立案を行っている。 ○ 人事制度に関する社員向け説明資料を作成している。 ○ 人事制度の企画・立案に際し、優先順位を的確に判断している。
②人事制度の運用	○ 人事評価や昇進・昇格等を制度の趣旨に沿って正しく運用し、現場に対して効果的な助言・指導を行っている。 ○ 制度本来の趣旨どおりに運用できない場合には、上司と相談のうえ合理的な解決策を見出している。 ○ 人事制度運用に関する疑義や質問に対し、労働法令や社内規定を踏まえて適切な判断を行っている。 ○ 制度運用に際して前例のない問題が発生した場合には、解決策を自ら立案し、上司に相談のうえ実行している。 ○ 部下や後輩からの人事制度に関する質問に対し、的を射た回答や助言を行っている。
③人事制度運用の検証と評価	○ 新たな仕組みや試みを実施した際にはその後のフォローを欠かさず行っている。 ○ 期初の方針や目標に照らして人事制度の改定や運用業務の達成状況を自己評価し、次期に向けた改善点を抽出している。 ○ 人事制度や従業員意識に関する問題点や今後改善すべき点などを整理し、社内関係者や関係部門等に対して積極的に提言している。

●必要な知識
1. 人と組織の理解
　●モチベーションとリーダーシップ
　●組織開発・組織設計
2. 職群・資格制度
　●人材（雇用）ポートフォリオ
　●職群・資格制度の概念
　●職群・資格制度の種類
　●コース別雇用管理制度
　●管理職・専門職制度
　●昇進・昇格・等級変更・職群転換
3. 人事評価
　●人事評価制度の意義、目的、種類等
　●制度設計に当たっての留意点
　●制度運用に当たっての留意点
4. 職務分析・職務評価
　●職務分析
　●職務評価

●職務再設計
●職務開発
5. モチベーションとモラール向上・企業文化改革
　●モチベーション向上
　●モラール管理
　●モラール・サーベイ
　●企業文化改革
6. 最近の人事・雇用管理の動向
　●人事・賃金制度、雇用管理など人事管理全般の動向
　●経済動向、ベア・定昇など賃金情勢の動向
　●労働法令など関係法令の内容及び改正動向
7. 会社の経営戦略・人事戦略
　●会社の経営戦略
　●自社における最近の人事賃金制度の改定経緯
　●労使関係の現状

共通

経営戦略

人事・人材開発

企業法務・

経理・経営情報

営業・マーケティング・広告

生産管理

ロジ

国際事業

©厚生労働省

出所：「職業能力評価基準」の事務職人事企画業務（中央職業能力開発協会）

〈図表040〉 職業能力評価基準（人事企画・雇用管理業務レベル１の職務基準）

レベル1 スタッフ	レベル2 シニア・スタッフ	レベル3 スペシャリスト	マネジャー	レベル4 シニア・スペシャリスト	シニア・マネジャー

ユニット番号 00S009L11

選択 能力ユニット	能力ユニット名	人事企画・雇用管理基礎
	概　要	人事全般についての基本的事項を理解したうえで、上司の指示に基づき人事企画や雇用管理上の事務手続を正確に行う能力

能力細目	職務遂行のための基準
①担当業務に関する作業方法・作業手順の検討	○ 会社の人事制度、評価制度、昇進・昇格制度、人員計画、採用の方法と手順、他社における最近の人事管理の動向など、人事企画や雇用管理実務の推進に必要な基本的事項を理解している。 ○ 上司や先輩・同僚からの助言を踏まえ、自社の人事制度に関して優先的に取り組むべき課題等を整理している。 ○ 人事・雇用管理実務の推進に必要な事務的手続、社内決裁ルート等を確認し、正しく理解している。 ○ 担当業務の実施方法や実施手順に曖昧な点がある場合には、必ず上司や先輩に質問し解決を図っている。
②人事企画・雇用管理実務の推進	○ 従業員の採用、配置、昇進、賃金決定等に資するための基本的な統計資料を的確に作成している。 ○ 人事考課制度の運用、社員の入社・退社手続など人事管理の定例的業務に関しては、上司の包括的助言に基づき業務を遂行している。 ○ 解雇をめぐるトラブルなど突発的事態が発生した場合には、まずは上司に一報したうえで指示を踏まえて迅速に行動している。 ○ 人事制度の運用に際して過去に類例のない問題に直面した場合には、自分勝手な判断を行うことなく上司や先輩に報告して指示を仰いでいる。
③担当業務に関する創意工夫の推進	○ 人事記録など、担当業務に関する報告書類はルールに沿って遅滞なく作成している。 ○ 担当業務に関し、満足できた点、不足していた点などに関する自己評価を行っている。 ○ 不足していた点については率直に反省し、上司の助言を踏まえて次期の業務改善に活かすべく工夫している。 ○ 人事制度の運用に関する日常業務をめぐり、問題点や今後改善すべきと思う点を自分なりに整理し、上司や先輩に対して意見具申している。

●必要な知識

1. 人事企画の基礎
   ●人事管理の意義と範囲
   ●人と組織の基礎
   ●資格制度の種類・内容
   ●人事評価の仕組
   ●職務分析・職務評価の仕組み
2. 雇用管理の基礎
   ●労働契約・就業規則
   ●人員計画の基礎
   ●雇用形態の種類・内容
   ●募集・採用の基礎
   ●退職の基礎
   ●解雇の基礎
   ●人事基本情報の管理

3. 最近の人事・雇用管理の動向
   ●人事・賃金制度の動向
   ●経済動向、ベア・定昇など賃金情勢の動向
   ●労働法令の概要
4. 会社の経営戦略・人事戦略
   ●会社の経営戦略
   ●自社における最近の人事賃金制度の改定経緯
   ●労使関係の現状

©厚生労働省

共通

経営戦略

人事・人材開発

企業法務・

経理・

経営情報

営業・マーケティング・広告

生産管理

ロジ

国際事業

出所：「職業能力評価基準」の人事企画・雇用管理業務（中央職業能力開発協会）

第2章 能力開発・教育体系の作り方と見直し方

109

〈図表041〉 職業能力評価基準書を活用した職能要件書の例

【対象職種】 営業

等級	職能定義	能力要件	
		管理職	専門職
8	統括管理・高度専門職能	〔営業戦略〕 ○経営戦略や様々な制約条件を総合的に勘案しながら、営業活動の全体的方針を策定し、その達成に向けた道筋を示している。 ○短期的な売上拡大だけを目指すのではなく、中長期を見据えて新規開拓や既存客深耕のための仕掛け作りを行っている。 〔営業マネジメントの推進〕 ○営業部門の業務全体の総合的な進捗管理を行いながら、部下への指示・動機付けを的確に実施している。 ○重要顧客とのトラブルなど、大きなトラブルの際には他部門と連携し自ら先頭に立って速やかに問題解決している。 〔評価と検証〕 ○戦略の実行にどの程度貢献したかという観点から、営業部門の成果を適正に評価・検証している。 ○現行の営業活動のあり方を総点検し、環境や時代に合わせて営業方法や営業スタイルを変革している。 〔人と組織のマネジメント〕 ○組織全体の中長期的なビジョンを示し、部下のやる気やチャレンジ精神に効果的に働きかけている。 ○自分を超える次世代リーダーを計画的に育成している。	〔顧客・取引先との折衝や関係構築〕 ○部門を代表して経営上の重要事項や収益を左右する重要事項に関する折衝を行い、交渉をまとめている。 ○短期的利益のみを追及するのではなく、中長期的な損益を考慮に入れながら交渉・折衝を行っている。 〔営業技術の発揮〕 ○豊富な市場情報や顧客ネットワークをベースに顧客関係深耕の観点から、従来のパラダイムを転換し、自社を競争優位に導くような営業手法を開発している。 〔問題解決を通じた顧客満足の実現〕 ○お客様とのトラブルが発生した場合やレア・ケースでの判断について、誠実かつ迅速に対応し、問題を解決している。 ○高い顧客満足を実現するため、お客様に対する肯定的な姿勢・態度や期待に添えない場合の代替案など、常に顧客視点での対応を徹底している。 〔後進の指導・育成〕 ○自ら継続学習を行い製品知識や関連スキルを深め、後進の模範となって組織メンバーの学習・成長意欲を喚起している。 ○営業に関する豊富な専門知識と実務経験を有し、社内では営業部員への指導的役割を果たしている。
7	上級管理・専門職能	（略）	（略）
6	管理・専門職能	〔組織目標の設定〕 ○現状追認ではなく、常に「本来どうあるべきか」という問題意識から挑戦的な組織目標を設定している。 〔進捗管理〕 ○定期的にミーティングを行うなど、仕事の進捗状況を常時把握し、深刻な問題が発生する前に予防措置を講じている。 ○部下の職務遂行に助言を行うとともに、重要な場面では自ら出向いて直接問題解決に当たるなど、部下の目標達成をサポートしている。 〔営業活動の検証〕 ○担当組織の定性的・定量的成果を期首の目標に照らして適正に評価している。 ○目標未達成の場合には安易な責任転嫁を行うことなく原因を分析し、次期の改善策を取りまとめている。 〔部下の指導・育成〕 ○部下の能力や専門性、経験、性格等を勘案し、適切な目標設定が行われるよう指導している。 ○部下の仕事ぶりを把握し、過労防止や安全衛生の観点から時宜を得た助言・指導を行っている。	〔顧客・取引先との折衝と関係構築〕 ○条件が厳しい交渉でも安易に妥協することなく粘り強く交渉し、双方が一定の満足のいく「win-win型」の結果を導いている。 ○顧客・取引先のキーパーソンと本音で交渉できる信頼関係を構築している。 〔営業技術の発揮〕 ○顧客に対して競合製品と比較した際の優位性や特長を効果的に説明し、自社製品のブランドイメージを高めている。 ○顧客の発する何気ない言葉や態度の中から背後に隠されたニーズやメッセージを読み取り、顧客ニーズに関する仮説を設定し、更なる関連情報の収集によってその仮説を検証している。 〔問題解決〕 ○販売後のアフターサービスやフォローアップによって課題を解決するとともに、新たなニーズやシーズを発見し、インキュベーションに繋げている。 ○競合・市場環境に照らして自社の営業政策が適当かどうかを検証・評価し、問題がある場合は解決策を提案している。 〔顧客満足の推進〕 ○日頃から他業界・他業種を含めて顧客サービスの好事例を研究し、自組織に取り入れられるものを絞り込んでいる。
5	指導監督職能	（略）	

110

4	指導判断職能	〔顧客・取引先との関係構築〕 ○利害が相反する相手先とも本音ベースでやり取りができるような信頼関係を構築している。 ○日頃から顧客・取引先等の関係者とコミュニケーションをとり、必要な情報を素早く入手できるような人間関係を構築している。 〔折衝・交渉〕 ○単なる数字や伝え聞いたことの羅列ではなく、それに対する自分の分析や意見を盛り込んで明快な説明を行っている。 ○説明のための論理的なストーリーを構成し、予想される異論・反論への対応も考慮しながら説得力のあるプレゼンテーションを行っている。 ○交渉に際しては安易に妥協することなく、可能な限り相手から協力を引き出すよう努めている。 〔顧客満足の推進〕 ○販売後のアフターサービスやフォローアップによって、顧客の悩みを解決するとともに、顧客から見たブランドイメージを高めるよう効果的かつ主体的な行動をとっている。 ○お客様の方に非がある場合や一方的な言いがかりの場合でも、言葉に注意しながら丁寧に会社方針を伝えている。
3	熟練定形・判断職能	（略）
2	一般定型職能	〔顧客・取引先との関係構築〕 ○言葉遣いや態度などTPOに応じて適切なビジネスマナーで対応を行っている。 ○仕事には直接結びつかない依頼であっても誠実に対応している。 〔営業技術の習得〕 ○敬語、マナー、商品知識など、お客様に的確に対応するために必要な知識の習得に継続的に取り組んでいる。 ○自分の接客態度いかんでお客様の自社への信頼や満足が大きく左右されることを理解している。 ○フォントや背景色を工夫するなど、受け手の印象も考慮に入れたプレゼンテーション資料の作成を行っている。 〔顧客サービスの実践〕 ○挨拶を含めて明るい声と表情でお客様に接している。 ○お客様から質問や要望を受けたときは、決して放置することなく速やかに対応している。 〔営業活動の推進〕 ○販売アプローチ方法など、高い営業成績を上げている先輩・同僚のやり方を参考にしながら、効率的に仕事を行っている。
I	定型補助職能	（略）

注）「営業」の共通能力ユニット及び選択能力ユニットから「職務遂行のための基準」の一部を抜粋、見直し、追加の上作成。
『営業基礎』（L I）、『営業実務』（L 2）、『営業専門』（L 3）、『営業高度専門』（L 4）、『営業マネジメント』（L 3）、『営業上級マネジメント』（L 4）、『顧客・取引先との折衝と関係構築』（L I～L 4）、『顧客満足の推進』（L I～L 4）、『課題の設定と成果の追求』（L I～L 4）、『PCの基本操作』（L I）

出所：「職業能力評価基準」を活用した職能要件書の一例（中央職業能力開発協会）

▶（2）活用方法とまとめ方

　掲載されている275種の職業能力基準書から、自社の業務に近い職務（「職業能力評価基準書」には「能力ユニット」と表記）を選び、記載されている「職務遂行のための基準」と下段の「必要な知識」を参考にして、自社の業務に必要な能力（知識・スキル）を書き出していきます。

　書き出した能力項目は、〈図表037・38〉の「まとめ表」を使って、階層別・職種別に記入・整理していきます。この作業も、社内のプロジェクトメンバーと共に取り組んでいくと、現場に即した能力を抽出することができます。管理者やメンバーを参画させることで、作成した能力一覧表の活用が促進される効果もでます。

３.「職能要件書」を活用した能力整理の方法

　この調査方法は、簡易に階層別・等級別の能力を抽出し整理できる方法です。短時間で作成したい場合に、自社の「職能要件書」を用いて階層別の能力を抽出します。また「職種別職能要件書」があれば、職種別等級別の能力抽出が可能です。

　この方法は、抽出した能力が現場の各職務に必要な能力の実態を反映しなかったり、漏れたりする可能性もあります。したがって、現場の実態を反映する情報を補足して仕上げる必要があります。そのためには、現場の管理者やベテラン社員の協力を得て、作業チームを編成して作るとよいでしょう。

　以下、手順と進め方を説明します。

①作業メンバーの選定とチームを編成する。

　　作業チームを編成します。職場ごとに作業メンバーを１〜２名選出してもらいます。選出の際は、職場の業務内容をよく理解しているベテラン社員（管理者と職場のリーダークラス）がよいでしょう。

　　なお、繁忙期などで部門の協力が得にくい場合には、能力抽出を事務局が行い、後で各職場の管理者に見てもらって意見を聞き、加筆修正して完成させることも可能です。

②職能要件書を加工して、〈図表042〉のフォーマットを用意する。

　　種類としては、全社共通の資格等級別の職能要件書と各部門用のシートを用意します。なお、調査目的や作業の手順を記載した説明書を用意しておくと、作業メンバーが理解しやすいでしょう。

③集まったメンバーに目的と作業手順を、説明書に従って説明する。

④資格等別級の職能要件書、職能別職能要件書を見ながら、自部門の各等級に「期待される役割」と「要件」を確認する。

⑤職能要件書を見ながら、業務遂行に必要な能力を、知識・技術・スキル、態度・意欲に分けて記入する。

⑥能力の書き出しは、現在の業務に必要な能力だけでなく、近い将来に必要となる能力も書き出す。

新規事業や新市場への参入の予定や、新システムの導入などが予定されている場合は、そうした変化を想定して必要な能力を抽出してもらいます。

⑦初回の会合は、作業の目的、作業内容、納期などの説明を行い、その後一旦解散して各職場へ戻り、管理者や職場のメンバーと協力して作成してもらうようにする。

こうすることでより精度の高い能力一覧ができます。納期を決めて提出してもらいましょう。

〈図表042〉 資格等級別職能要件と能力洗い出し表

資格等級		業務	職能要件	期待される役割	求められる能力	研修項目
管理・専門職能	9級	上級管理専門業務	・部下を指導するとともにその業務を掌握し、部を統括する ・経営視点から高度な判断力を駆使し、担当部門の業務指針を図るとともに経営層を補佐する ・全社視点に立ち広範囲な分野の問題解決に際し、経営層への支援・助言ができる ・法令順守とリスクマネジメント			
	8級	管理・専門業務	・課を管理・掌握するとともに、部下を指導育成する ・部門経営的視点から判断力を駆使し、担当部門の業務を推進する ・部門レベルの分野の問題解決に際し、高度な専門知識・専門技術をもとに経営層や管理者層への支援・助言できる			
	7級	初級管理専門業務	・課を管理・掌握するとともに、部下を指導・育成できる ・高度な判断力を駆使して担当部門の業務を推進できる ・部門分野の問題解決に際し、専門知識・専門技術をもとに管理者層へ支援・助言できる			

113

〈図表043〉 資格等級別職能要件と能力一覧表の例

資格等級		業務	職能要件	期待される役割	求められる能力	研修テーマ候補
管理・専門職能	9級	上級管理専門業務	・部下を指導するとともにその業務を掌握し、部を統括する ・経営視点から高度な判断力を駆使し、担当部門の業務指針を図るとともに経営層を補佐する ・全社視点に立ち広範囲な分野の問題解決に際し、経営層への支援・助言ができる ・法令順守とリスクマネジメント	●部長としての役割を理解している ●部門の役割および管理ポイントを理解している ●経営戦略を具申できる ●全社視点に立って事業・部門戦略を意思決定し浸透できる ●担当部門だけでなく関係部門にも良好な大きな影響力を有している ●次代の経営幹部を育成できる	・戦略構想力・戦略決断・遂行 ・ビジョン構築力 ・リーダーシップと組織マネジメント ・指導育成力（コーチング） ・先見性・洞察力・意思決定力 ・財務分析・経営分析スキル	部門ビジョン戦略構想 リーダーシップ マネジメント・コーチング 経営管理の基本理解 財務・会計
	8級	管理・専門業務	・課を管理・掌握するとともに、部下を指導育成する ・部門経営的視点から判断力を駆使し、担当部門の業務を推進する ・部門レベルの分野の問題解決に際し、高度な専門知識・専門技術をもとに経営層や管理者層への支援・助言できる	●経営管理スキル（アカウンティング/マーケティング/リーダーシップ）を有している ●所属事業の方針・戦略策定に意見具申できる ●全社視点で他部門と良好な関係が構築できる ●経営計画・事業戦略を理解したうえで担当組織の方針・戦略・目標を設定できる ●管理者の役割を認識して適切な目標・課題を設定できる ●労務管理の知識を体得している ●問題解決力の体得している ●リーダーシップを発揮して、業績達成、成果達成に導ける ●部下の指導・育成ができる	・方針・部門戦略立案・担当部門管理 ・運営業務および社員指導・育成業務 ・専門的応用業務・指導監督業務 ・組織間連携・目標の設定・ブレイクダウン ・人事考課・組織マネジメント ・部下の管理・育成、仕事の管理改善 ・人事評価スキル ・問題解決力・意思決定力	事業戦略立案 マネジメント、リーダーシップ研修 部下の指導育成 部下の動機づけ 目標管理 人事考課研修 問題解決と課題設定
	7級	初級管理専門業務	・課を管理・掌握するとともに、部下を指導・育成できる ・高度な判断力を駆使して担当部門の業務を推進できる ・部門分野の問題解決に際し、専門知識・専門技術をもとに管理者層へ支援・助言できる	●管理者の代行ができる ●担当組織の置かれている状況を構造的に認識し主体的にテーマ・課題を設定して上位者と連携しながら推進していける ●マネジメントの基本を理解している ●リーダーシップの基本を理解している ●PTをリードして遂行できる ●PTメンバーのマネジメントができる ●チームワークの取り方を身につける	・マネジメント基本理解・原理原則 ・PTの推進・業績成果責任 ・企画力・意見具申 ・目標設定能力 ・問題意識向上・問題発見能力 ・業務改善・交渉力 ・後輩指導力・リーダーシップ ・折衝力・交渉力 ・キャリアビジョンと自己開発課題 ・リーダーシップとフォロアーシップ	問題把握・分析力 課題形成と問題解決 企画力養成 目標管理 OJT支援 リーダシップ 折衝説得力 部下・後輩指導育成

114

	級					
				●問題解決の基本を理解している ●社内外の交渉も基本的に一人でできる（状況によって上司を巻き込むことができる） ●コミュニケーション力を磨く		
中間指導職能	6級	企画監督非定形業務	・係または課に準じる組織の部下を指導監督し、担当業務を推進できる ・経験を生かし、担当部門の業務の効率化・推進について企画を立案できる ・非定形的な業務を適切かつ円滑に処理し、推進できる	仕事における企画力・計画力を高める ●計画的に担当業務に取組み、生産性を向上させる意識と努力を有している ●能力開発の上の課題を明確化し自己開発に取り組んでいる	業務遂行能力 フォロワーシップ 社内外折衝力・交渉力 説得力・意見具申・プレゼンテーション コミュニケーション・説明力スキル	業務遂行・思考力 担当職務の専門知識・技術 プロジェクトマネジメント プレゼンテーション・提案力 コミュニケーション能力
	5級	判断・指導業務	・経験を生かし専門分野の内容について部下や後輩を指導し、担当分野の業務を推進できる ・複雑で突発的な業務を処理できる ・複雑かつ困難な判断を必要とする業務を遂行できる	●OJTリーダーを務められる ●後輩の指導・育成ができる ●自分の考えを持ち、主体的に行動できる ●キャリアプラン・能力開発の課題を確認できる	組織理解 社会人基礎力（3能力12要素） ビジネスマナー・社会常識 プロジェクトマネジメントスキル	後輩指導 OJTリーダー
	4級	高度熟練判断業務	・後輩を指導しかつ支援しながら担当業務を遂行できる ・高度な判断を必要とする定型業務を単独で遂行できる ・上司の指示・指導を受けて簡単な非定形業務を推進できる	自己啓発に努める		
一般職能	3級	複雑判断業務	・複雑性があり、多少判断を必要とする定型業務を推進できる ・上司の指示・指導を受けて簡単な非定形業務を推進できる	●基本業務については上司・先輩の指導を受けながら一人でできる	・社会人基礎力（主体性・働きかける力・実行力） ・課題発見力・計画力・創造力・発信力・傾聴力	仕事の基本 問題解決と業務改善
	2級	日常定型熟練業務	・多少経験を必要とする困難な定型業務を単独でできる	●自分で対処できない問題は適宜相談できる ●社会人としての自覚、ビジネスマナー、礼儀作法	・柔軟性・状況把握力・規律性・ストレスコントロール ・自己研鑽　・自己理解	社会人・組織人の意識付け 報告・連絡・相談
	1級	単能定型業務	・反復的で特に熟練を必要としない業務を単独でできる	●組織の一員としての認識を自覚 ●社会人としてビジネスの基本習得	・ビジネス文章表現力・対人関係スキル ・ビジネスマナー・ホウレンソウ・PDCA	ビジネスマナー

第2章　能力開発・教育体系の作り方と見直し方

7 教育調査のまとめ方

「資料調査」「インタビュー調査」「アンケート調査」「業務洗い出し能力整理調査」と進めてきた教育調査結果の内容は、今後の教育体系作りに活かすために整理してまとめておく必要があります。

以下に、調査結果のまとめ方・整理の仕方を説明します。

▶（1）「資料分析」「インタビュー」の内容整理・要約

①調査内容の整理

　　資料分析やインタビュー内容は、組織、事業、人事制度、これまでの教育の取り組みなど、人材育成に関連すると思われる箇所をマーキングしたり、欄外にフラグを立てておきます。

　　また、インタビュー内容は、階層別や資格・等級別に内容を統合して、ポイントを整理しておきます。

　　調査内容の整理の仕方はこれまでに説明しましたように、資料分析は、〈図表020〉「資料分析およびインタビュー調査のまとめ表」や、〈図表022〉「インタビュー調査のまとめ表」などを使って内容を整理してまとめます。

　　アンケート調査の結果は、回答データを集計・分析し、その結果を「アンケート調査結果報告書」にまとめておきます。

②「教育調査のまとめ表」の作成

　　こうして整理された各種の調査情報は、〈図表044〉「教育調査のまとめ表」に転記します。表の左側「検討対象項目（分野）」は、必要に応じて変更して構いません。例えば、育成したい対象層として、階層別（管理者・監督者・中堅社員など）や女性社員・契約社員などを追加します。

③「現状の要約」は、調査から判明した現在の状況を要約した内容を記入します。

④「資料分析からの抽出」「インタビューからの抽出」は、それぞれの分析内容から浮かび上がる「問題や課題」を記入します。「現状

の要約」から「問題・課題」を抽出し記入してもよいでしょう。

⑤「対応策と方向」は、現時点で考えられる「問題・課題」への対応策や解決の方向を記入します。次の手順である教育体系の構想や詳細設計の際に活用します。〈図表045〉

　なお、「業務の洗い出しによる能力整理調査」の結果は、〈図表032-033〉「業務洗い出し等級別能力一覧表１～２」、〈図表036〉「期待する役割と求められる能力一覧」、〈図表038〉「職能別能力一覧表」などを用いて整理します。

▶（２）教育・人材育成の問題点、課題に対する対応策の整理

　「教育調査のまとめ表」ができあがったら、次にまとめ表に盛り込まれている「人材育成課題と対策の方向性」を踏まえて、課題と対応策を、〈図表046〉「教育・人材育成対応策表」に要点を転記します。

　これは、教育調査では方向性に留めていたものを、より具体的な対策へ展開するために必要です。

　テーマとは、人材育成上の課題を表したものです。対象層は、①役割・資格、職階　②職種・職能　③年代・キャリアなどで、それぞれまとめるとよいでしょう。まとめたら、縦横の整合性を確認します。〈図表047〉

　「教育調査のまとめ表」「教育・人材育成対応表」「業務洗い出し能力整理まとめ」の３表が完成したら、これまでの調査結果を報告書にまとめ、自社の人材育成課題の現状と、今後の対応策の方向性などについて経営サイドに報告し、今後の教育体系作成作業について幹部の承認を得ておくようにします。

〈図表044〉 教育調査のまとめ表

問題点、課題、対応策の方向は、重要度、優先順位を想定して記入のこと

検討対象項目 （分野）	現状の要約	資料分析からの抽出 （問題・課題）	インタビューから の抽出 （問題・課題）	対応策と方向
組織、組織活動と人材育成				
経営、事業と人材育成				
人事戦略、人事制度と教育				
経営層からの期待				
経営幹部からの期待				
管理職、監督職からの期待				
今までの人材育成教育の取り組み				
その他				

〈図表045〉 教育調査のまとめ表の例

検討対象項目（分野）	現状の要約	資料分析やアンケート調査からの抽出（問題・課題）	対応策と方向
経営理念・方針について	1. 「経営理念や行動指針が職場に浸透している」と、社員の○名中○○名が認識している。 2. 管理者自身は、「日頃から理念を意識して仕事をしている」と自覚している。 3. 「職場方針や目標」を共有していると答えた管理者は7割弱。	1. 日常の業務においては、経営理念や行動指針が身のまわり意識されていない。管理者を除き、普段意識して仕事をしているのは少数である。 2. 職場の目標や方針が不明確で、共有されていない。	1. 管理者は自職場の方針や目標を作り、職場の全員に伝える仕組みを作り、職場の全員に目標を交えて業務がどのように経営理念やビジョンと結びつくかを話し合うことが必要。その際、経営理念・行動指針を行動目標におとしながら、職場の方針・目標を作り、全員に伝えることが必要。 2. 管理者は、モチベーションの理解や協力を得ながら、職場の方針・目標を中堅社員にも伝える意識も持つこと。
職場の風土・問題について	1. 職場としての業務遂行や危機意識が低いとメンバーは感じている。仕事の馴れ合いの面も見受けられる。 2. 職場内のコミュニケーションは、人によりバラツキが見られる。 3. 全般に不景気である。 4. 挨拶を交わす人が少なっている。言いにくい、聞きにくい、ホウレンソウしにくい。 5. ハラスメント（パワハラ）やそこしいきるような□が散見されている。	1. 協力し合う職場風土に正しい（一枚岩になっていない）。活性化されていない。 2. 職場は一体感に欠け、□□□□□□。 3. ホウレンソウの徹底が出来ていない。 4. 活発的な職場の雰囲気がある反面、仕事の業務として違度な緊張感や危機意識に欠ける面がある。	1. 管理者は自職場を「どのような職場にしたいのか」、モチベーションのメンバーに話し合い、目標の浸透度合を設ける。 2. 職場の活性化をメンバーと図る。公平・平等より、接し方や評価などかけ目線での対話を深める。 3. 情報の共有を行い管理者等が□□。風通しの良い職場の醸成。 4. ほめる文化の醸成。 5. パワハラの撲滅。会社全体の姿勢を明確に示して対処する。
管理者について	1. 上司から正しく評価が行われていないと感じている社員は過半数多い。 2. 上司に期待することとして、 3. 指導・方針の明確化と説明。 4. 公平・公正な接し方が幅広い指導・助言。事務室役員をみるだけ（アクションなし）。 5. ハラスメント・上司で言動□□□□□□□□□□。 5. 情報共有が☆□いる。	1. 上司としての役割、職責・期待に応えられていない。 2. 人事計画における公正感・信頼感が低い。 3. 業務を含めた、幅広い指導や部下からの期待がでている。 4. 個人的感情を抑制し、広い視野で客観的に物事を捉え、職場の担当業務以外、何もしない管理者が見受けられる。その自分の担当業務のみで、女性社員の負担になっている箇所もある。	1. 職場内での自己の役割、職責などを再確認する。 2. 職場方針や目標を明確にして職場のメンバー全員に伝える。 3. 接し方は、メンバーの仕事ぶりを良く観察し、公平・平等などに接する。 4. 風通しの良い職場、ほめる文化が職場に浸透させる。 5. 職場のコミュニケーションを増やし職場運営の役割を明確かつ分担して進める。メンバーの育成を図る。 6. パワハラの撲滅、会社全体の姿勢を明に照してに対処する。
OJTについて	1. OJTは、職場では研修が行われていないと過半数が感じている。 2. 指導育成のマニュアルは良く活用されている。 3. 指導者の指導の仕方には良さを感じている。 4. 配属後の新入社員の現場指導チェックは、かない実施されている。	1. 新人社員研修やOJTは時間的制約はあるものの、業務知識やスキルの習得が十分ではない。 2. 指導時対応フローについては、活用にバラツキがある。 3. 指導方法の見直しが必要である。 4. 指導社員の指導育成力向上。	1. 新入社員研修とOJTの実施時期、内容をブラッシュアップする。 2. 社会人としての意識、仕事に取り組む姿勢。 3. 社会人としての常識や素養を高める研修や新入社員研修のブラッシュアップ研修に取り組む。 4. 後輩指導にあたる社員（OJTリーダー）への指導マニュアル（改訂・改善）を活用。 　業務マニュアルの整備（経験の蓄積・共有）。
中堅社員について	1. 今後受けたいテーマは、指導に関する知識（スキル／対人関係能力向上／外国語会話／コーチング／ファシリテーションなど） 2. 上司の指示や対応に加え、後輩社員の指導・業務管理などにもまじまに取り組み、何でも引き受けているため、ストレスが溜まっている。	1. モチベーション社会人意識にバラツキが見られる。 2. 新人社員研修に□□□□□□。 3. 職場リーダーシップを発揮し、自ら能動的に職務を遂行することが十分。 4. 中堅社員にはマネジメントの基本やリーダーシップの基本を習得する必要がある。	1. 指導育成に関する知識・スキル、対人関係能力向上に関する研修プログラムを充実させる。 2. 中堅社員の役割期待や後輩指導やコーチング、今後も後も継続する。対人関係スキル。 3. 職場に関係づいた、研修の基本テーマとして職場リーダー・コーチング研修などに求められるリーダーシップ・マネジメントや職場の問題解決スキルを習得する機会を検討する。
新入社員研修について	1. 与えられた時間とはいえ、業務知識や仕事の基本スキルの習得は十分とは言えない。 2. 配属後のOJT期間が不十分。 3. 社会人としての自覚、意識、仕事に対する姿勢や知識スキルの向上が必要とされている。	1. 業務知識や仕事の基本スキルの習得に不十分な面がある。 2. 配属後のOJT期間が足りない。 3. 社会人としての意識・心構えが低く対応が必要。	1. 新入社員研修（研修の期間）（内容）・期間の再検討。 2. 中堅社員の役割自覚、仕事に対する姿勢や知識・スキルの習得。

第2章　能力開発・教育体系の作り方と見直し方

〈図表046〉 教育・人材育成対応表

	課題	テーマ1	テーマ2	テーマ3	テーマ4	テーマ5
役割・資格職階職位	対象層1					
	対象層2					
	対象層3					
職種・職群	対象1					
	対象2					
	対象3					
年代キャリア	対象1					
	対象2					

〈図表047〉 教育・人材育成対応表の記入例

	課題	期待役割の認識と職責	人事評価	コミュニケーション	職場活性化	ハラスメント
役割・資格職階職位	管理者	・自職場の目標・ビジョン策定 ・職場のコミュニケーションと情報共有化への取り組み	・評価の基本知識とスキル向上 ・評価目的と目線合わせ ・目標管理の意義	・情報共有の促進・会議体の検討 ・目標管理とOJT活用による職場内コミュニケーション	部下指導・育成の意識向上 OJTの再教育　支援者の役割	・人権とリスクマネジメントの理解
	中堅社員	・自職場の目標達成への自己の役割 ・後輩指導とリーダーシップ ・専門知識・技術の習得	・目標管理の目的と意義	職場リーダーの意識強化とリーダーシップの発揮	OJTリーダーの役割と指導法	・ハラスメントへの対応 ・アサーション
	新入社員	・社会人としての意識涵養 ・ビジネスマナーの型と意味理解			・OJTリーダーとのコミュニケーション ・OJTノートの活用	・ハラスメントの知識と相談窓口
職種・職群	営業職	・中期事業計画と年度目標 ・〇〇事業の販売戦略の理解		・市場動向と顧客とのコミュニケーション ・〇〇新製品の販促活動と広告戦略	・営業部門増員計画とOJT促進	・新人指導とコーチングスキル
	対象2					
	対象3					
年代キャリア	対象1					
	対象2					

8 調査実施の視点

　教育調査を行う際には、どのような視点で調査の方向性（調査対象者や各種調査項目など）や仮説設定、結果の分析視点などを検討すればよいのでしょうか。調査を実施する前に調査計画を立てることが大切です。

　以下に示した教育調査3つの視点は、データや情報の分析、まとめ方、人材育成の問題点と課題の整理、解決の方向性などを検討する際に役立ちます。チェックリストとしても活用してください。

　教育体系を見直す場合も、〈図表048〉の視点から体系の見直しや改善・変更点、新設する教育メニューなどの検討を行います。特に会社を取り巻く経営環境の変化や事業計画の変更、法改正、諸制度の変更などを確認し教育体系に反映させることが重要です。

〈図表048〉　教育調査実施の視点

■視点1. 育成課題の方向性や目標探索の視点	
①	経営戦略・人材戦略を踏まえ、育成の重点人材とその育成施策を探索する
②	当社が必要とする中核（コア）人材育成の方向を探索する
③	階層や職能、職種ごとの人材育成課題や目標を探索する
④	組織の体質強化のための人材育成課題を探索

▶■視点1. 育成課題の方向性や対象ごとの育成課題、目標探索からの視点 ⋯

- ・経営戦略遂行に必要な期待人材像は明確か？
- ・いつまでに、どのような能力を備えた人材を何名育成すべきか？
- ・人材戦略を踏まえた、採用・育成・配置・評価・処遇の人材マネジメントのトータルシステムで捉える。
- ・階層や職能、職種ごとの人材育成課題や目標を探索する。
- ・組織の体質強化のための、組織と人材の両面からの課題とは何か？
- ・中長期の視点だけでなく、当年度のニーズや課題は何か？

■視点2．人材育成のあり方からの視点	
（1）経営課題と人材育成のあり方	
⑤	経営理念、経営方針、経営戦略と人材育成施策はリンクしているか
⑥	経営課題を具現化する要素に、人材育成の内容が盛り込まれているか
⑦	企業、事業を複数包含する組織で、人材戦略や人材育成方針は示されているか
（2）人材育成と今後のあり方	
⑧	人事方針と人材育成方針に整合性を持っているか
⑨	期待される役割、人材像が明確になっているか
（3）人事諸制度の現状と今後のあり方	
⑩	人事基本フレームの定義と、組織の期待はリンクしているか
⑪	人事評価の考え方や評価基準に、期待人材像が反映されているか
⑫	配置転換、ジョブローテーション、選抜などの施策に、人材育成・教育の意図は入っているか
（4）教育についての現状と今後のあり方	
⑬	教育の計画、実施、評価（フォロー）が一体となっているか
⑭	プログラムは、目的を明確にして評価と連動しているか
⑮	人材育成計画は、会社の要求と社員個々人の育成ニーズを反映させているか
⑯	育成ニーズを多面的に捉えて反映させているか
⑰	アンケート、インタビューによって現場の問題を発見し、育成ニーズを捉え、教育に具体的に反映しているか
⑱	教育対象層の能力レベルを診断して、最も適した教育内容、教育方法を選択・決定するようにしているか
⑲	単年度計画ではなく、中期計画で一貫性のある教育計画を作成しているか

▶■視点２．あるべき人材育成のあり方からの視点

①経営課題を踏まえた人材育成のあり方を以下の視点から検討する。

・経営理念、経営方針、経営戦略と人材育成施策はリンクしているか？

・経営課題を具現化するための、人材育成内容は盛り込まれているか？

②人材育成方針と今後のあり方から検討する。

・人事方針と人材育成方針に整合性を持っているか？

・期待される役割、人材像が明確になっているか？

③人事諸制度の現状と今後のあり方から検討する。

・人事基本フレームの定義と、組織の期待がリンクしているか？

・人事評価の考え方や評価基準に、期待人材像が反映されているか？

・配置転換、ジョブローテーション、選抜などの施策に、人材育成・教育の意図が入っているか？

④教育についての現状と今後のあり方からを検討する。

・教育の計画、実施、評価（フォロー）が一体となっているか？

・プログラムは、目的を明確にして評価と連動しているか？

・人材育成計画は、会社の要求と社員個々人の教育ニーズを反映させているか？

・アンケート、インタビューによって現場の問題を発見し、教育ニーズを捉え、教育に具体的に反映しているか？

・教育対象層の能力レベルを診断して、最も適した教育内容、教育方法を選択・決定するようにしているか？

・単年度計画ではなく、中期計画で一貫性のある計画を作成しているか？

	■視点3．対象層からみた問題・課題とあり方からの視点
⑳	経営者（トップ）からみた問題、課題とあり方から探る
㉑	事業計画、個別計画からみた問題、課題とあり方から探る
㉒	人事担当部門からみた問題、課題とあり方から探る
㉓	職場の問題による問題、課題とあり方から探る
㉔	管理者（上司）からみた問題、課題とあり方から探る
㉕	教育対象者からみた問題、課題とあり方から探る
㉖	教育担当者自身が考える問題、課題とあり方から探る

▶■視点3．対象層からみた育成・教育の問題、課題とあり方からの視点 …

①経営者（トップ）からみた問題、課題とあり方から探る

　　経営から出てきた全社目標や方針の中から、教育の問題・課題を引き出す。全社目標の中に人事施策に結びつくものがあれば、上から直接ニーズが下ろされてくることもある。

②事業計画、個別計画からみた問題、課題とあり方から探る

　　年度の事業計画やそれを実施するための個別計画の中から、教育の問題・課題を引き出す。特に、職能別教育、課題別教育にはこのニーズが必要になる。

③人事担当部門からみた問題、課題とあり方から探る

　　教育と最も直結しているのが人事担当部門である。人事施策はすべて教育に関連しているので、施策の中から教育の問題・課題を引き出す。ダイバーシティの推進、CDPへの取り組み、高齢者のための再教育などがそれにあたる。

④職場の問題による問題、課題とあり方から探る

　　職場の問題の中から教育の問題・課題を引き出す。例えば、事故の多発、クレーム続発、不良品増大といった現象である。

⑤管理者（上司）からみた問題、課題とあり方から探る

　　部下の教育ニーズを的確に把握しているのは上司であるため、そのニーズの積み重ねが対象者に応じた真のニーズ形成につながる。

⑥少数の対象者の育成ニーズへのあり方から探る

対象者の人数が少ない場合も、漏らさず教育ニーズとして捉えるようにする。例えば新任管理者が数名程度で開催が難しい場合でも、翌年にまわしたり、社外のセミナーへ派遣したりするなど工夫する。

⑦教育対象者からみた問題、課題とあり方から探る

教育のねらいは本人の自己成長に役立つこともあり、参加者の教育内容に関する興味と関心の度合いが重要になる。例えば、個人のキャリア開発や資格取得への挑戦などである。

⑧教育担当者自身が考える問題、課題とあり方から探る

教育担当者自身が考えた、長期的視点に立った育成ニーズと短期ニーズの組む合わせが必要である。特に長期ニーズの発見と形成は、教育担当者の役割である。

9 教育調査報告書の作成

教育調査を終えた時点で調査報告書にまとめ、経営トップや経営幹部、場合によっては各職場の管理者へ調査結果を報告します。

▶（1）報告書作成の目的

自社の人材育成の現状と課題、解決のための今後の対応策の方向性、教育による対応策などについて報告書にまとめ、経営サイドおよび協力してくれた管理者に対して報告します。

報告の目的は、教育調査の結果と今後の作業の進め方について理解いただき承認をもらうためで、いわばお墨付きをもらうわけです。そして、これからの作業について経営サイドの了承を取りつけます。

以下が、調査報告書の内容や骨子例です。

▶（2）報告書の目次・構成例

①教育調査の目的

②教育調査の概要と調査結果の要約

　・調査の基本的な見方、活用の仕方

　・調査資料と現状把握

③教育調査結果の詳細内容

　・組織と人材育成の現状

　・人材育成に関する問題と課題

　・人材育成に関する課題への対応策と方向性

④資料データ

　・階層別インタビューの要約

　・アンケートの集計・分析結果

　・現状業務と必要能力、スキル一覧

　　　　・

　　　　・

　　　　・

第**3**節 **教育体系の構想**

第**2**章 能力開発・教育体系の作り方と見直し方

　教育調査の結果を踏まえて、教育体系の設計に取り掛かります。

　教育体系は骨格となる下記の項目から構成され、調査で集めたさまざまな情報の本質や関連性を見抜き、創造力・企画力を駆使して体系の構想を練り上げていきます。

　教育体系は以下の6項目で構成されます。

　①人材育成・教育方針　②期待する人材像　③期待する役割と能力一覧

　④教育体系内容　⑤教育体系図（表）　⑥教育計画書

　なお、設計作業は全体設計（教育体系の構想）と詳細設計の2段階に分かれます。

　それでは、教育体系構想の手順と方法について解説します。

1 人材育成方針の作成

▶（1）人材育成方針とは

　人材育成方針とは、企業の人材育成に関する考え方や目的・目標を定めたものです。育成にあたっての理念や考え方、基本的な目的を定めたもので、人材育成全体の指針となるものです。

　また、経営目的や経営課題を解決するための、人材育成に関する目標となる指針でもあります。

▶（2）人材育成方針に盛り込む内容

　人材育成方針は、自社の人材育成に関する考え方や方向を簡潔に示したもので、箇条書きで明確かつ簡潔に表現することが大切です。方針に盛り込む内容は以下の5項目を参考にして作成するとよいでしょう。

127

①人材育成の目的と意義、人材育成に対する期待

②人材育成実施上の重点方針

③自己啓発、OJTの意義と位置づけ

④人事制度や他の経営施策との関係

⑤社員の能力開発に対する取り組みへの期待

▶（3）人材育成方針の要件、作成の留意点

人材育成方針を作成するための情報は、教育調査で行った資料分析やインタビュー調査の結果をもとに検討します。〈図表019〉にある資料分析の着眼点や〈図表022〉インタビュー調査のまとめ表、〈図表020〉の資料分析およびインタビュー調査のまとめ表の例を参考にキーワードを抽出し、方針の文言を検討します。

なお作成にあたっては複数案を用意し、経営トップや幹部、管理者の意見も聞いて決めるとよいでしょう。

人材育成方針の作成にあたっては、以下の視点を参考にしてください。

①企業の経営理念や人事理念、人材育成の理念が示されていること。また、その理念のもとで達成する目標が、明確に示されていること。

②人材育成や社員の能力開発への指針となるものなので、行動指針となる内容であること。

③中期経営目標と人材育成が結び付けられ、人材育成における重点項目が表現されていること。

④人材育成に対する考え方が表現されていること。

⑤業績向上、組織の強化に対する人材育成強化側面が盛り込まれていること。

⑦社員個人が目指す方向（内容や方法）が盛り込まれていること。

これらの留意点はすべてを盛り込むのではなく、社員に対する育成の基本的考え方や重点的に明確なメッセージとして伝わるように作成することがポイントです。以下に示す事例を参考にして作成するとよいでしょう。

▶（4）人材育成方針の例 ··

A社〜C社の事例

〈図表049〉 A社の人材育成方針

１．企業目標を達成するために必要となる人材・能力を明確にして、その育成開発を進める。

２．社員が成長したいという欲求を実現できるように、能力開発の機会を提供する。

３．OJTは職場で能力開発をする基本の場であり、仕事を通しての能力開発を進める。

４．能力向上を推進するために自己啓発、OJTを基盤にして進める。

５．能力開発を効果的に推進するために、人事諸制度、施策を有機的に結びつけて進める。

〈図表050〉 B社の人材育成方針

　人材育成に熱心で、個人を尊重し、企業としても特長を持った経営体質をつくりあげる。

1. 当社においては技術力・技能力の強化が重要な課題である。技術の空洞化を補うためにも、管理・監督職によるOJTを中心とした取り組みを行う。各部門の能力向上をめざした部門別教育体系にもとづき、計画的な教育を行う。この両者によってその道のプロとして通用する専門技術・技能力を持った専門家を育成する。

2. 技術・技能力向上や仕事への積極的取り組みの意識づけを図るためにもOJTは重要である。OJTが全体的に展開されるためにもOJTの仕組み、ツールの整備やOJT能力向上を図り、OJTを実践・定着させる。

3. 管理・監督者は豊かな人間性を持ち、目標達成に向けてチャレンジすることが重要である。そのためにもそれぞれの階層の役割期待に応じたマネジメント力の向上を図る。

　　階層別の重点能力
　　　　・部長層：経営戦略力、対外折衝力、意思決定
　　　　・課長層：目標展開力、マネジメント実践力
　　　　　　　　　（P-D-C-A、コミュニケーション力）
　　　　・係長層：部下指導育成力、リーダーシップ
　　　　・主任層：マネジメント基礎力、コミュニケーション力、部下指導・育成力
　　　　・一般社員層：コミュニケーション・チームワーク力、後輩指導育成力

4. 自己啓発により自己の能力向上に取り組む意識づけを図ることが重要である。自己啓発支援制度の充実をすすめ、資格取得者への積極的取り組みを促進する。

5. 人材育成は人事制度と教育の連動によって効果を高める。能力開発の基準を明確にし、ローテーションを計画的に行い、必要な人材を育てる。

6. コミュニケーションを活発に行う。お互いに意見交換し合う自由闊達で活発な組織風土を醸成する。

〈図表051〉 C社の教育理念

当社の教育体系の整備・充実を進めるための教育理念

1. 企業ビジョンとの一体
   - 企業ビジョンの達成を基本とし、その目標達成を成し遂げていくために必要とする人材を養成する。

2. 長期的・継続的・重点的教育の推進
   - 長期的・継続的な視点に立った教育を計画し、重点を明確にした教育を展開する。

3. 日常業務への反映
   - 教育の内容は、日常業務との結びつきを重視し、仕事の中で活かされることを主眼としたものであり、社員一人ひとり個別に計画的・系統的に実施されるものである。

4. 効果的OJTの展開
   - 育成される者の向上心のメカニズムを理解したOJTを展開していくことで、部下の育成効率を高めていかれる育成体質を醸成していく。

5. 育成マインドの醸成
   - 仕事を通じて人を育成し、人の成長に効果的なジョブローテーションを進めていくことで、会社全体の育成マインドを醸成し、能力育成主義の経営をすすめる。

6. 向上マインドの函養
   - 社員一人ひとりの自己啓発意欲を高揚し、能力開発カード及び目標記述書を活用した個人別教育計画と実行を実現する。

❷ 期待する人材像の作成

▶（1）期待する人材像とは

　期待する人材像とは、企業が社員に期待している人材指針となるもので、全社員共通の人材像や階層ごとの人材像を指します。人材育成方針を検討をする際に、併せて作成します。また、社員への発信も大切で、人材育成の重要性と同時に、どのような社員になって欲しいか、どんな能力を習得して欲しいのかを記述します。

①全社共通の人材像と、階層別、（役職）資格別に企業が期待している人材像を具体化したものです。

②期待人材像は全社、階層、職種といった視点で設定するとよいですが、前者は必須とし、他は社内の状況やニーズ、人事基本フレームの状況に合わせて設定します。

③全社、階層、職種ともに焦点を絞って5〜8項目が適切です。

④表現としては、役割（〜を行う）、職能（〜できる）といった使い分けをします。

▶（2）作成する人材像の種類設定

①全社共通の期待する人材像

　全社共通となる期待する人材像を、5〜8項目に絞って作成します。

②階層別・資格別の期待する人材像

　ひとくちに階層、資格といっても、階層の捉え方で大きく異なります。各社で異なるので、自社の実態に合わせて整理してください。

　　例えば、

　　職位階層：部長、次長、課長、係長、主任、一般社員など

　　資格階層：1等級、2等級、3等級、4等級、5等級など

③職種別の期待する人材像

　職種はあまり細かく捉えず、営業系、製造系、開発系、管理系、などの職種ごとがよいでしょう。または、事業部ごとに作成する場合もあります。

▶（3）作成する人材像の要件と作成ポイント

　期待する人材像を作成する際に検討する情報としては、人材育成方針の検討時に活用した資料分析やインタビュー調査の結果、アンケート調査などがあります。〈図表022〉インタビュー調査のまとめ表にある必要な人材像などのキーワードを参考に検討します。

　①経営からの期待や、教育調査結果を踏まえた内容を入れる。

　②階層区分や資格区分の定義に整合する内容を入れる。

　③事業のトレンドを読み取り、キーワードを入れる。

　④人材育成に関わる職責（役割別）の視点を入れる。

▶（4）期待する人材像の例

〈図表052〉　A社の期待人材像（全社）

１．自己啓発を心がけ、魅力ある個性を持った人
２．地域から信頼され愛される人
３．誠実で、地道な努力をいとわない人
４．チームワークで仕事ができる人、かつ責任感の強い人
５．創造的な仕事にチャレンジし続ける人
６．事実にもとづいて考え、柔軟な思考を行う人
７．相手の立場、気持ちがわかる感性と心を持った人
８．粘り強く、どんな時にも前向きに考え、チャレンジする人
９．スピードある行動とチーム・スピリットにより、高い目標を粘り強くやり遂げ、成果に結びついている人
10．高い専門能力をベースに、広い視野でグローバルに通用する力を備えている人
11．個人として自立し、創造と挑戦をしている人

〈図表053〉 B社の期待人材像

当社においては、チャレンジする人材が期待される。その実現を図るために、5つの人材育成目標を設定し取り組むこととする。

1. その道の専門家としての技術力を備えた人材育成を目指す。
　　―その道のプロとしての技術力を備えた人材
2. 経営的感覚を持って発想を豊かにし、事業推進ができる人材育成を目指す。
　　―経営視点で発想し、事業推進ができる人材
3. 経営目標の達成実現に向けてチャレンジする人材育成を目指す。
　　―経営目標達成に向けてチャレンジする人材
4. グローバルなセンスを持って対応できる人材育成を目指す。
　　―グローバルなセンスを持ち、グローバルに対応できる人材
5. 地域に密着した活動、社会貢献の活動ができる人材育成を目指す。
　　―地域密着活動、社会貢献運動ができる人材

〈図表054〉 C社の職種別期待人材像

〈営業職の期待人材像〉

　当社の営業職が目指すべき期待人材像

１．営業の基礎をきちんと身につけている

２．好奇心を持って仕事の問題を見つけだし、解決できる

３．向上心がある

４．幅広い知識を持ち、専門性を発揮できる

５．計数感覚を持って、科学的に仕事を進められる

６．情報を的確に把握し、活用できる

７．顧客に企画提案を行い、ビジョンのある営業を仕掛けられる

〈製造職の期待人材像〉

　当社の製造職が目指すべき期待人材像

１．係長以上は、講師として仕事を教えることができる

２．入社３年以上は、新入社員を指導することができる

３．問題意識を持って日常の仕事を振り返り、問題を発見し解決してい
　　ける能力を備えている

４．気づいた問題をきちんと説明し、納得させられる表現力（聴く・書
　　く・話す）を備えている

５．経験、カンだけに頼ることなく、標準、ルールを基に仕事を進めら
　　れる

3 期待する役割と能力体系の作成

▶（1）期待する役割・能力とは

　期待する役割・能力とは、階層区分ごと、資格区分ごとに期待してい
る役割や、発揮して欲しい能力は何かを明確にしたものです。

　①期待する役割・能力とは、企業が期待する人材像について「役割と
　は何か」「能力とは何か」をより明確にしたもので、教育計画の内

容を具体化するための基本材料となるものです。

②階層区分、資格区分の役割・資格や、職種区分に基づいた役割・能力を組み立てます。

③区分ごとに期待される役割、発揮すべき能力を整理し作成します。

▶（2）期待する役割と能力に盛り込む内容

①人事の基本フレームである階層区分、資格区分や職種区分に合わせて、役割・能力などを「業務洗い出し整理調査」の情報を活用して、体系的に整理して記載します。

　業務洗い出し能力整理調査でまとめた「期待する役割と能力一覧」を参照してください。〈図表036・038・043・057・058・059〉

②「社員に期待される役割を発揮するために必要な能力」というイメージになります。

▶（3）期待する役割・能力の作成ポイント

①体系的かつ組織機能に合わせた分類である階層（職位・資格）区分や職種区分に基づいて作成します。

②内容を整理する時の基本材料は、企業の期待、教育調査で明らかにされた内容や「業務洗い出し能力整理調査」などの情報を活用します。

③作成した期待する役割・能力は、教育計画の研修内容に反映させます。

〈図表055〉 階層のまとめ方（例）

職位又は資格	役割	能力
部長　　5級		
課長　　4級	・担当部署の業績向上に貢献する ・部門戦略策定への参画を行い提案を行う ・部下の能力向上、育成を行う ・部長の補佐を行い、部門目標を達成する	・マネジメント能力 ・戦略策定能力 ・部下指導・育成能力 ・課題設定解決能力 ・リーダーシップ開発
係長　　3級		

〈図表056〉 職種のまとめ方（例）

職位または資格	開発系		技術系		製造系		営業系		管理系	
	役割	能力	役割	能力	役割	能力	役割	能力	役割	能力
課長										
係長										
主任										

〈図表057〉 階層別役割と能力の一覧表（例）

階層	能力	組織における役割機能	期待される役割	必要な能力
	一般的な組織・個人に求められる能力			
経営幹部層		・全社戦略構想 ・中期経営計画 ・ビジョニング ・後継者育成	●トップとしての役割を認識している ●経営理念・価値観・ビジョンを深く理解し体現している ●経営戦略を構想し、意思決定している ●意思決定や戦略を推進している ●事業の見方を理解している ●最新動向を掴むべく研鑽している（現場情報も強い） ●幹部に必要な教養を身につけている ●後継者育成の考え方・進め方を理解している	事業のビジョン・ミッション・戦略構想力 戦略的経営計画の立案 戦略策定能力 意思決定能力
上級管理者（部長・部門長）		・変革力 ・組織運営 ・リスクマネジメント ・方針・部門戦略策定 ・人材開発業務 ・戦略決断・遂行	●部長としての役割を理解している ●経営管理スキルを有している（営業・マーケ・財務・人材など） ●経営戦略を具申できる ●全社視点に立って事業・部門目標を設定している ●事業ビジョン・事業戦略を意思決定に浸透できる ●担当部門だけでなく関係部門にも良好な大きな影響力を有している ●次代の管理者を育成している	グローバルな経営的視野の拡大 総合的状況判断力 先見性・洞察力・意思決定力 財務分析・経営分析スキル 経営資源の有効活用 経営組織力の開発 戦略的経営計画の立案
ミドルマネジメント（管理職層）	コンセプチュアルスキル　ヒューマンスキル　テクニカルスキル	・方針・部門戦略立案・担当部門管理 ・運営業務及び社員指導・育成業務 ・専門的応用業務・指導監督業務 ・組織間連携・目標の設定・ブレイクダウン ・人事考課・組織マネジメント ・労務管理の実践 ・課題設定と問題解決	●管理者としての役割・職務を理解している ●経営計画・事業戦略を理解したうえで担当組織の方針・戦略・目標を設定する ●所属事業の方針、戦略策定に意見具申できる ●全社視点で他部門と良好な関係を構築している ●リーダーシップを発揮して、業績達成・成果達成に導ける ●部下の指導・育成ができる ●労務管理の知識を体得している ●問題解決力の体得している ●コンプライアンスや人権などの社会的責任を具現化している ●部門の課題を設定し、その解決を図っている	問題解決力・意思決定力 戦略策定基本理解 人事評価スキル 目標による管理の推進 職場のモラル向上推進力 部下のモチベーションUP マネジメント能力の実践 部下の管理・育成、仕事の管理能力 経営管理の基本理解 方針戦略立案 組織マネジメント
ロワーマネジメント（監督者層）		・管理者の代行、フォローアーシップ ・チームマネジメントとリーダーシップ ・後輩指導・業績責任 ・プロジェクトの推進 ・マネジメントの基本理解 ・問題解決	●管理者の代行ができる ●担当組織の置かれている状況を構造的に認識し主体的にテーマ・課題を設定して上位者と連携しながら推進していける ●マネジメントの基本を理解している ●リーダーシップを発揮してチームをまとめている ●PTをリードして成果を上げている ●PTメンバーのマネジメントができる ●チームワークの取り方を身につける ●問題解決の基本を理解している ●社内外の交渉も基本的にできる（状況によって上司を巻き込むことができる） ●職場内外の関係者と良好なコミュニケーションができる	マネジメント基本理解・原理原則 Pjtの推進・業績成果責任 企画力・意見具申 目標設定能力 問題意識向上・問題発見能力 業務改善・交渉力 業務処理能力 後輩指導力・リーダーシップ 折衝力 キャリアビジョンと自己開発課題 リーダーシップとフォローアーシップ コーチング
中堅社員（一般社員層）		・定型業務 ・判断・処理業務 ・後輩指導 ・業績責任 ・PTの推進とマネジメント ・業務改善 ・職務の専門能力（知識・スキル）	●仕事における企画力・計画力を高める ●計画的に担当業務に取り組み、生産性を向上させる意識と努力を有している ●能力開発の上の課題を明確化し自己開発に取り組んでいる ●OJTリーダーを務められる ●後輩の指導・育成ができる ●自分の考えを持ち、忌憚に行動できる ●キャリアプラン・能力開発の課題を確認し自己開発に努める	業務遂行能力 フォロワーシップ 社内外折衝力・交渉力 説得力・意見具申・プレゼンテーション コミュニケーション・説明力スキル 組織理解 社会人基礎力（3能力12要素） ビジネスマナー・社会常識 プロジェクトマネジメントスキル 後輩指導・コーチングスキル
若手・新人		・協働・協力 ・業務の遂行 ・会社の沿革を理解している ・会社の仕組みを理解している ・就業規則を理解する	●基本業務については上司・先輩の指導を受けながら一人でできる ●自分で対処できない問題は適宜相談できる ●社会人としての自覚、ビジネスマナー、礼儀作法 ●組織の一員としての認識を自覚している ●社会人としてビジネスの基本習得	社会人基礎力（主体性・働きかける力・実行力） 課題発見力・計画力・想像力・発信力・形聴力 柔軟性・状況把握力・規律性・ストレスコントロール 自己研鑽　・自己理解 ビジネス文章表現力・対人関係スキル ビジネスマナー・ホウレンソウ・PDCA

138

▶（4）期待する役割・能力の事例

〈図表058〉 A社の役割と遂行能力一覧表

職位	基本的役割	主要遂行能力
部　長	・部門業績の向上に貢献する ・会社方針に沿った部門戦略の策定と運営を担う ・部門戦略を推進する組織体制を確立する	・経営戦略力 ・事業改革力 ・組織化力 ・後継者育成能力
課　長	・担当部署の業績向上に貢献する ・部門戦略策定への参画を行い提案を行う ・部下の能力向上、育成を行う ・部長の補佐を行い、部門目標を達成する	・マネジメント能力 ・戦略策定能力 ・部下指導・育成能力 ・課題設定解決能力 ・リーダーシップ開発
係　長	・目標達成のための課題解決を行う ・業務の遂行、改善をすすめ効率の良い職場を作る ・後輩指導を行う ・課長の補佐を行い、課目標を達成する	・課題解決能力 ・指導能力、育成能力 ・マネジメント基礎能力 ・役割遂行能力
主　任	・担当業務の遂行を完全に行う ・業務の改善、維持に取り組む ・チームワークの向上を図る ・後輩指導を行う	・問題発見、解決能力 ・業務改善能力 ・業務完遂能力 ・後輩指導能力
一　般	・担当業務を確実に遂行する ・的確な報告、連絡、相談を実行する ・指示、命令を遂行する	・問題解決の基礎能力 ・業務処理能力 ・基本動作、基本態度 ・文書作成能力

〈図表059〉 B社の段階ごとの役割・期待能力例

段階	役割	方向	期待能力	能力
経営参加段階（部長）	部門方針の立案・推進を行い、トップマネジメントの一員として経営の中枢に参画し、企業運営を行う。経営目標・方針に基づき部門の長として指揮・統括を行う。	経営者を補佐し、経営者の委任を受けて社内外に対し経営者を代行することを目指す。	・自分で経営するという視点で発想豊かな考え方ができる。 ・社外にも目を向け広い視野で総合的な判断ができる。 ・部門の運営方針の立案、推進ができる。 ・部下から信頼され、部下を適切に指導・育成できる。	①経営能力の向上 ・経営戦略的な思考力、視野の拡大 ・経営戦略力（構想力・推進力） ②マネジメント応用能力の向上 ・経営方針、目標の展開、ブレークダウン ・部門長としての役割、期待、行動
管理段階（課長）	上長から示された部門の方針に基づき、中単位の組織の長として指揮・管理・監督を行う。	中単位の組織の長として、管理・監督ができ、部門長の代行ができることを目指す。	・経営目標のブレークダウンと達成のための実践ができる。 ・広い視野を持ち、総合的に判断できる。 ・他部門とのコミュニケーションが円滑にできる。 ・部下育成、OJTを理解し、実践できる。	①マネメント能力の向上 ・部門方針、目標の展開、ブレークダウン、浸透 ・管理者の期待役割と在り方 ・P－D－C－Aの推進 ②部下指導、育成能力の向上 ・部下の動機づけ ・部下の指導、育成の考え方、方法 ・OJTの考え方、手順 ③対人関係能力の向上

総括・指導段階（係長・主任）	経営方針に基づいて自己の創意と判断によって業務を計画し、運営を行う。また部下を指導・動機づけし、育成する。	リーダーシップを発揮して業務運営を行う。部下指導・育成を行い、より高度な専門力を高めることを目指す。	・関連業務も含めて総合的に判断し的確に業務処理ができる。 ・部門内、部門間のコミュニケーションが円滑にできる。 ・部下指導、OJTを理解し、実践できる。	①OJT能力の向上 ・部下の動機づけ、育成の考え方、進め方 ②管理基礎能力の向上 ・係長の期待、役割と在り方 ・目標、計画、組織化 ③コミュニケーション能力の向上 ・コミュニケーション能力の基本と方法 ・チームワークと人間関係
習熟段階（中堅・5年以上～10.年未満）	上位の支持を受け、複雑な仕事を任され、自主的に業務遂行と処理を行う。場合によっては上位者を代行して、下位者に模範を示したり、指導する。	自主的に業務処理を行い、専門力を高め、後輩指導ができることを目指す。	・担当業務については任されて下位者を統括しながら、計画、遂行、処理ができる。 ・下位者を指導、動機づけができる。 ・担当業務のテーマについて企画、分析改善の指導ができる。	・期待される役割と期待 ・目標、組織、コミュニケーション、チームワーク ・自己啓発の進め方
基礎段階（一般・5年未満）	上位者の指示を受け、基本的な仕事を独立で行う。担当業務に必要な基礎的な知識・技術・技能によって日常業務を遂行する。	独立して業務遂行ができることを目指す。	・業務を適切な手段で正確に行うことができる。 ・担当業務について自分で分析、改善ができる。 ・仕事に関して問題意識を持ち、創意工夫して取り組むことができる。	・社員の期待役割と在り方 ・仕事の進め方の基本 ・コミュニケーションとチームワークの考え方

4 教育体系内容の作成

▶（1）教育体系内容とは

　教育体系図は、教育に関する全体フレームが一目でわかるように図示されます。この図示された個々の内容をより具体的に理解できるように、教育全体および個別の内容を明確にしたものが必要となります。これが教育体系内容です。どのような教育（研修名など）が、「何の目的」で「誰に対して」「どのようなねらい」「どんな内容」「どんな方法」で実施する予定かを明確にします。〈図表060〉を参照下さい。

　教育体系内容で整理し記載すべきものは、以下の項目です。

　①教育テーマ（研修名）、対象者（階層、資格など）

　②教育のねらい、内容の概要（研修内容）

　③教育の方法（集合教育、自己啓発、OJTなど）、期間

▶（2）教育体系内容の活用

　①教育体系内容に基づいて教育体系図を作成します。教育体系図は教育の全体像を社員に理解してもらうためのものです。

　②教育体系内容を踏まえて、研修プログラムを作成し、具体的な年度教育計画へと落とし込みます。

　③社員が「何を目的」に「どのような教育」を受けて、自己の能力開発に取り組むべきかの指標となるように記述します。

▶（3）教育体系内容の作成手順

　①階層別・職種別に求められる能力を整理した後に作成します。

　　　限られた資源を有効に活用するためと、実施可能な時間制約などを考慮して、対象ごとに習得すべき能力の優先順位をつけます。3年から5年の中期的視点で整理しておくとよいでしょう。なお、研修プログラムは「教育体系内容」の作成後、年度教育計画を作る際に個別プログラムを作成します。

　②能力を習得するための教育テーマ・手法、手順を決めます。

教育の目的や内容を達成するための方法、手順、研修項目を明確にします。集合教育か通信教育か、eラーニングか、文献図書か、あるいはその組み合わせかも検討します。

③教育全体の進め方や手順を検討する。

　・教育実施の時期、タイミング（月初か月末か、繁閑期など）を検討します。

　・参加者の便を考慮し、実施する場所、研修会場を検討します。

④教育のねらいと教育内容に基づいて必要な日数、時間を検討する。

　　教育の組み立ては単発かシリーズで展開するかなど、日数・期間、合宿か否か・進め方を決めます。

⑤教育の予算を決める

　・教育の予算、費用を決めます。（教育に関連する全体の予算、個別の予算を検討する）

⑥講師を選定する

　　担当講師を決めます。（社外講師が適切か、社内講師かを検討する）

⑦関係者への報告、承認など、実施に向けての調整・承認を行う。

　　実施に向けた報告や承認は、怠らないことが大切です。

▶（4）作成の留意点

①教育調査の結果を充分に読み取ってニーズを把握し、重要となる能力（知識、技能、技術、行動、考え方など）を明確にすることが必要です。

②人材育成を主催する部門が、人事教育部門なのか、または各部門の担当部署なのかを明確にしておくことも重要です。

▶（5）教育体系内容の例

　教育体系内容は、教育体系図に記載する研修テーマの概要を示すものです。研修名や対象者、ねらい、内容などを一覧表などに記載します。〈図表060〉の事例を参照ください。

さらに、対象者、期間・日数（合宿か通いか）、方法（集合研修か
OJTか自己啓発など）、実施部門などの項目を付け加えて一覧表にまと
めます。

対象人数が多い場合、単年度で全員が受講できない場合もあるので、
次年度にまたがって実施する教育もあります。

〈図表060〉 教育体系内容の例

区分	研修名	対象者	ねらい	研修内容	期間	方法	担当部門
階層別研修	管理者研修	課長・所長店長	管理者の組織マネジメント力を高め、期待される組織目標の成果を上げるための能力を習得する。	1．職場ビジョンの策定と戦略 2．目標設定　3．リーダーシップ 4．部下の指導と育成 5．事業改革の進め方 6．対外調整力その他	1日間	集合研修	人事部
	新任管理者研修	新任管理者	管理者としての自覚と上司へのフォローアップ能力を高め、管理能力や専門的能力の向上を図る。また部下・後輩の指導・育成の仕方を習得する。	1．組織マネジメントと労務管理 2．信頼されるリーダーとは 3．部下指導育成の進め方 4．職場活性化と職場環境 5．タスク管理	2日間	集合教育	人事部
	主任研修	主任昇格者	職場のリーダーとして、部下・後輩のまとめ役と上司のフォローを担い、職場目標の達成と活性化を図る能力を習得する。	1．主任の立場と求められる役割 2．リーダーシップを発揮する 3．課題設定と問題解決の進め方 4．部下・後輩の指導　5．業務改善	1日間	集合教育	人事部
	中堅社員研修	4等級社員	中堅社員として期待される役割を認識し、職務の遂行に必要な能力や専門知識を習得する。	1．期待される役割と意識 2．職場の問題解決と改善 3．キャリア開発と自己開発 4．交渉・調整力　5．行動計画の策定	1日間	集合教育	人事部
	新入社員研修	新入社員	会社概要を理解し、一人前の社員に必要な心構えや、社会人としての自覚を持たせ、仕事の基本知識・動作のを習得する。	1．組織人の心構え　2．ビジネスマナー 2．仕事の基本動作 3．職場のコミュニケーション 4．ビジネス文書の書き方その他	10日間	集合教育	人事部
課題別研修（目的別研修）	人事評定者研修	新任管理者	部下指導・育成を図り、公正な評価・目標管理を進める。	1．人事考課の基本的考え方 2．人事考課の進め方　3．行動の選択 4．項目の選択　5．段階の選択 6．評価のエラー　7．面談	1日間	集合教育	人事部
	キャリア開発研修	5等級社員	組織で働く目的を明確にしつつ、自身が組織目標の達成に貢献しうる自己開発の在り方を、自身と組織の将来像を描いて実現の計画を立てて実践する知識・スキルを習得する。	1．キャリア開発とは 2．自分らしさを知る（強味・弱味） 3．自分の将来像を描く 4．キャリア形成に必要な能力・知識とは	1日間	集合教育	人事部
	OJTリーダー研修	OJT担当リーダー	人材育成の原点である職場内での教育＝OJTの考え方、進め方、指導方法などを学び、指導を受ける後輩とともに自身の成長を促す。	1．人材育成の目的・重要性 2．OJT基本原則 3．OJTツールの活用 4．OJTの進め方、推進計画の作成 5．教え方の原則その他	1日間	集合教育	各部門人事部
	問題解決研修	副総括主任課長	日常業務を進める上で環境変化に適応するため発生する問題や課題、将来への布石を打つ必要のある課題などの解決手法を学ぶ。	1．問題と課題　2．問題を見つける 3．解決のプロセス 4．課題形成と解決策 5．ケーススタディ	2日間	集合教育	人事部

144

5 教育体系図の作成

▶(1) 教育体系図とは

　教育体系図は、企業がどの層にどのような方法の教育を実施するかについての、全体像を明示した図表です。教育体系内容にもとづいて作成します。

　体系図の種類としては「役割・階層体系（階層教育、資格教育）」「職能体系（職能教育、専門教育）」「自己啓発」「OJT」「キャリア別（キャリア教育、ステージ教育）」などがあります。体系図表は一般的には人事基本フレームを用いて縦軸に階層区分や資格・等級など、横軸は集合教育（階層別・職能別・全社共通課題別）、OJT、自己啓発の4区分でマトリックスを組み、研修テーマ名や制度名をプロットした体系図が一般的です。

〈図表061〉 教育体系図の例

等級	職位	階層別教育	職能別教育 生産・技術	職能別教育 営業マーケティンク	OJT	課題別教育	自己啓発
9	部長 支店長 次長 所長	上級管理者研修	専門技術研修（生産技術・製品機械要素・電気制御・環境省） エネ技術・安全・設備保全他	マーケティング研修	OJT支援者研修	メンタルヘルス・ハラスメント研修	語学研修（英語・中国語・韓国語）／国家技能検定・資格取得の奨励／通信教育講座（自己啓発支援）
8							
7	課長 所長	新任管理者研修		営業社員研修（基礎・実践）			
6	係長	6等級合格者研修			OJTリーダー研修		
5	主任	主任職研修		営業転属者研修			
4		4等級合格者研修					
3							
2	（大卒）						
I	（短大卒）（高校卒）	新入社員研修		営業配属者研修			

▶（2）教育体系図のフレーム設定

　体系図のフレームは、人材育成のゴール（期待人材像）から、どのようなフレームが望ましいか考えます。基本的には人事基本フレームとなります。階層別、役割資格別、能力段階別、職能（職種）別や、テーマ別などのフレームが想定されます。

　人事基本フレームであれば、縦軸は資格等級や役割であり、横軸はOff-JTとOJT・自己啓発（SD）などの教育方法別の括りになります。

　次に、集合教育の整理区分は階層別、職種別、課題別に行うのが一般的です。会社の考え方の主体を個人に置いている場合は、キャリア開発を体系に組み入れるとよいでしょう。

　以下に人事基本フレームを用いた体系図の考え方、作成手順を解説し

ます。

①縦軸

・縦軸に階層・資格を置き、横軸に集合教育、OJT、自己啓発の教育
　３本柱を置くのがよいでしょう。横軸にテーマを置く場合もありま
　す。

・階層区分『新人、一般社員、中堅社員、監督職（係長・主任）、管
　理職（次長・部長・役員)』や、人事制度の骨子である「役割・資
　格、能力開発段階別（習熟職、成長期、開発期)」などからいずれ
　かに決めます。会社の考え方や期待を基本として決めるとよいでし
　ょう。

②横軸

・横軸は集合教育である階層別教育（役割・資格別教育)、職能別教
　育（職種別教育・専門別教育)、課題別教育や職場内教育（OJT）
　などを決めます。

・階層別には、部長、課長、係長などの役職別と参事、主事、主任な
　どの資格別があります。

・職能別には、生産、販売、管理などがあります。各階層や職種ごと
　に必要な研修が網羅されているかを確認します。

・課題別には、企業の戦略課題に基づいた研修や、横断的に必要な研
　修テーマを整理します。

▶（3）集合教育（Off-JT）の教育体系への活用

①階層別教育の活用

　　階層別教育は、各段階の役割認識や必要な能力の習得をねらいと
　した教育です。したがって実施される際の対象層は、役職別や資格
　段階別区分が考えられます。（一般的に階層別教育という場合には、
　職位か資格のいずれかで分けるとよいでしょう。）

　　また、どの階層を対象に、どのタイミングで実施するかを決めま
　す。例えば、昇進・昇格者を対象に昇格後直ちに行う教育で、現在
　の資格、役職を卒業し、上位の階層に進めるようにする研修があり

ます。新任管理職研修などが代表例です。

さらには、能力向上を目指して既任者に行うものとしては、管理職研修、課長研修・係長研修やリーダーシップ研修、部下育成研修などがあります。

②職能別教育の活用

職能別教育は、職種・職群の実務能力や専門能力の習得をねらいとした研修です。職種、職能別で区分する場合と、指定特定部門・部署別に区分する場合（営業部門、開発部門、製造部門）があります。例えば営業基礎研修、マーケティング研修や開発基礎研修・開発事例研修、フォアマン研修などがあります。

③課題別教育の活用

課題別教育は、企業や個人の課題を解決するために行う教育で、企業の意図や戦略の具体化と連動している場合が多い教育です。

例えば、コンプライアンス教育、情報セキュリティ教育、選抜教育（ビジネスリーダー教育）、CDP研修などがあります。

▶（4）体系の一覧化（教育体系図）のポイント

体系図は通常、対象別にテーマだけを記載し、簡便に見られるようにしておきます。管理者研修、監督者研修、営業研修、製造主任研修などのように、教育テーマ程度の表記にします。教育全体の関連が一目でわかる体系図にするためです。

各教育テーマについては、「教育体系内容」に対象、目的、ねらい、実施内容・方法などを簡潔に整理しておきます。この情報は、教育計画を整理する際の材料となるので重要です。以下の視点を踏まえて作成しましょう。〈図表062-064〉参照

①人材育成の方向性や全体像が明示されていること。

②社員がいつ、どのような教育研修を受けるのか、一目で理解できること。

③社員が自分自身のキャリアを形成していく上で、どのような教育機会があるのか時系列で理解できること。

▶（5）教育体系図の事例

〈図表062〉 教育体系図　事例1

役職	等級	戦略経営の基盤		専門教育	課題別研修	人材育成支援	
		戦略経営の実現	マネジメント能力/組織人としての基盤	職種別	テーマ別研修	OJT	自己啓発促進
部長	M9	戦略構想力の強化	目標管理実践研修／人事考課者研修	職種別・部門別研修の展開	コンプライアンス研修・情報セキュリティ研修／メンタルヘルス研修・ハラスメント研修／キャリア開発研修／ダイバーシティ研修	OJT支援者研修	通信教育・e-ラーニング受講支援制度／公的資格取得支援制度／海外第学・国内大学留学制度
	M8	戦略構想力の醸成	上級管理者研修				
課長	M7		新任管理者研修			OJTリーダー研修	
係長	S6	戦略構想力の基礎	係長合格者研修	目標管理の基本研修			
主任	S5		主任合格者研修				
中堅	S4						
若手	J3		入社3年目研修				
新入社員	J1		新入社員FU研修／新入社員研修				

149

〈図表063〉 教育体系図　事例2

役職	OJT	職場外教育（Off-JT）	社外セミナー	自己啓発
経営幹部・マネジメント階層	OJT研修（OJT支援者研修・リーダー研修）／管理マニュアル・業務マニュアルの活用チェック／店巡回による教育指導	経営幹部研修／部門別専門研修／コンプライアンス研修	教育団体・業界団体主催セミナー／海外視察団・留学制度	通信教育・e-ラーニング受講援助制度／資格試験受験援助制度／社内勉強会（英会話講座・資格試験対策勉強会）／海外研修援助制度
店長・スーパーバイザー		管理者研修／新任管理者研修		
店次長・主任		係長主任研修／中堅社員研修		
一般社員				
新入社員パート社員		新入社員研修		

〈図表064〉 教育体系図　事例3（階層別集合教育）

研修対象階層	研修目的	目　　的	研修内容
経営層役員研修	経営幹部としての任務を完遂するのに必要な企業内外で発生すること、その要因について総合的な理解を深め、対応するための視野を広める。	1．経営幹部・役員としての経営力強化を図る 2．コンプライアンスとリスクマネジメント 3．後継者育成	1．経営計画、経営戦略の構想立案 2．コンプライアンスとリスクマネジメント 3．後継者育成、人材育成

部長層 （上級管理 職研修）	上級管理職としての役割・能力を開発する。社内外の環境変化や情勢と事業への総合的、長期的観点から広い視野のもとでの事業戦略・ビジョンを構想し実践する能力を開発する。	1．経営戦略とマネジメント力の強化 2．事業経営に必要な財務・企業会計の知識 3．部下指導育成力	1．経営計画、事業戦略構想力 2．財務・会計基本知識 3．部下育成 4．リーダーシップ 5．人事評価と目標管理
課長・ 所長 （中級管理 職研修）	中級管理者としての自覚と能力を高め、組織のマネジメント遂行をより成果を上げるために管理能力や専門能力の素地を養う。部下指導・育成を図り公正な評価・目標管理を進める。	1．職場のマネジメント遂行に必要な能力向上 2．部下指導育成 3．労務管理の基礎知識 4．人事評価と目標管理の理解	1．組織マネジメント 2．リーダーシップ能力 3．部下指導育成 4．労務管理の基本知識 5．人事評価と目標管理
主任・ 総括主任 （初級管理 職研修）	初級管理者としての自覚と上司へのフォローアップ能力を高め、管理能力や専門的能力の向上を図る。また部下・後輩の指導・育成の仕方を習得し、成果を上げる力を高める。	1．初級管理者に必要なマネジメントの基本を習得する 2．部下・後輩の指導力を高める 3．職場のリーダーに求められるリーダーシップとコミュニケーション能力を高める	1．マネジメントの基本知識 2．職場のコミュニケーションとリーダーシップ 3．部下・後輩の指導育成 4．目標管理

一般社員（一般社員研修）	中堅社員として期待される役割を認識し、職務の遂行に必要な能力や専門知識を習得する。また会社の経営について理解し後輩の指導育成を図る。	1．組織人として必要な仕事の基本能力を図る 2．職務遂行能力と専門知識の習得 3．後輩指導力の向上	1．職務遂行能力と専門知識 2．キャリア形成と自己開発 3．リーダーシップとフォロアーシップ 4．後輩指導の進め方（OJT）
新入社員（新入社員研修）	会社の概要を理解し、一人前の社員に必要な心構えや、社会人としての自覚を持たせる。また、仕事に必要な基本動作の習得や、マナー、礼儀作法などを身に付ける。	1．会社の概要を知る 2．社会人としての自覚と、組織人に求められる基本的知識・行動を習得する 3．仕事の基礎能力の習得	1．会社概要、経営理念と行動指針 2．社会人に求められる自覚と言動 3．仕事の基本動作、礼儀・作法、敬語、電話応対、マナー

❻ 年度教育方針と年度教育計画の作成

▶（1）年度教育方針の作成

　教育調査において明らかになった経営からの要請ニーズと、各職場からの要請ニーズ、および前年度までの教育全体評価を踏まえて、その年に「何を」「何のために」「どの対象者」に「どんな方法」で教育を実施するのかという目標・方針を明示したものです。

▶（2）年度教育計画の作成

　年度教育計画は年度教育方針と合わせて策定され、年度方針と実施計画で構成されます。年度教育方針の内容に沿って、集合教育の全体計画、自己啓発支援策、OJTの推進支援策などを含んだ実施計画で、内容、対

象者、実施時期、予算などが明記されます。

　ステップとしては、まず年度方針を策定し、その後に実施計画を立てます。この1年間にどのような方針で活動するのか、人材育成方針や経営方針、教育調査の分析結果や、戦略の具体化の側面も踏まえて年度方針を検討します。

　抽象的にならず、具体的に重点となる項目に絞って作成します。

　年度教育計画書の目次例

　1．年度教育方針（年度教育目標）

　2．研修名、研修内容、研修目的、研修対象層の概要
　　　OJT、自己啓発、部門別教育の支援策

　3．対象者　　階層別・職能別対象者（個々の研修の対象者）

　4．各研修の実施時期と期間、会場、講師（社内・社外）

　5．各研修の実施方法と手順

　6．各研修や支援施策の概算費用と年度予算額

〈図表065〉 年度教育計画書の例

年　月　日

○○○○年度　教育計画書

1. 年度重点方針

1	OJTの推進と定着	当年より育成の原点であるOJTを見直し、後継者への伝承と若手新人の早期育成をはかる
2	社外セミナー受講斡旋	新たに導入する社外セミナー受講斡旋制度により、多様な育成ニーズに対応する
3	人事考課者研修の実施	3年毎に実施する人事考課者研修（1次・2次考課者）の実施する

2. 集合教育

	研修名	内容	対象者	実施日	人員	場所	講師	費用
1	新入社員研修	当社の理解・組織人の意識・ビジネスマナー・仕事の基本その他	新入社員	4/1〜6/30	24名	研修センター	社長・人事部長・事業部長・外部講師	180万
2	3年目社員	中堅社員の役割と行動・後輩指導・キャリア	入社3年目社員	6/10	21名	研修センター	内部講師と外部講師	50万
3	4等級社員	期待役割・リーダーシップと問題解決他	4等級合格者	7/8	16名	本社会議室	人事部長と外部講師	40万

3. スケジュール

	研修名	4	5	6	7	8	9	10	11	12	1	2	3
1	新入社員研修	←			→								
2	3年目社員			↔									
3	4等級社員				↔								

4. OJT推進計画

	事項	対象	人数	時期	内容	備考
1	OJTリーダー研修	OJTリーダー	12名	3月〜	OJTリーダーの役割/指導方法/計画他	
2	OJT支援者研修	8等級管理者	10名	2月〜	OJT支援者の役割と責任、技術伝承他	
3	リーダーフォロー	OJTリーダー	12名	9月	新入社員の指導の状況と今後の取り組み	

5. 自己啓発

	事項	対象	時期	内容	備考
1	通信教育斡旋	全社員	6月開講	3年目自己啓発支援制度の開講案内募集	
2	社外研修斡旋	全社員	6月募集	社外セミナーの案内と受講希望者の募集案内	
3	資格取得支援	全社員	6月案内	公的資格取得の奨励制度の案内	

〈図表066〉 応募型社外セミナー年度計画書の例

分野	No	セミナー名	主催団体	内容	開催日	募集人数	予算
マネジメント	1	実践管理者セミナー	A社	・自社を牽引する管理者として、他社、他者との議論を通じて問題意識を高める ・管理者として心得、実行すべきことを具体的な実践論で明らかにする ・人を動かし、職場改革をする為に大切なビジョンマネジメントへの理解を深める	○年○月○日 ○年△月△日	3	○○○円
	2	研究開発マネジャーセミナー	B社	・研究開発の方向性を構想し、技術を戦略的にマネジメントできる能力を養成する ・メンバーのモチベーションを高め、活力ある組織をつくりあげていく能力を養成する ・研究開発の創造性と効率性をコントロールし、高い成果に結び付けていく能力を養成		2	
	3	R&Dマネジメントセミナー	C社	・研究・開発部門のマネジメント課題に対し、他社の取り組みを共有する ・同じリーダー層が抱える課題を共有し、課題解決のヒントを得る		2	
戦略事業計画	4	経営戦略の立案と事業計画の策定	A社	・変化する環境下で勝ち残るための"戦略マネジメント"について学ぶ ・ケーススタディにより、実践的な立案・策定ノウハウを習得する		3	
	5	事業戦略基礎セミナー	C社	・事業環境の分析手法や戦略仮説を検討するための考え方など、事業戦略策定に必要な検討内容と手順を習得する ・ケースや演習を通じて、具体的・実践的に理解し自己の業務に活用する		3	
	6	部門別業績・予算管理と年度計画の立て方	D社	・予算管理による部門業績達成のノウハウを学ぶ ・業績課題・役割責任の明確化、業績評価・損益管理の方法と計画策定を学ぶ		3	
	7	部門目標・計画の立て方と実行、進捗管理	D社	・部門目標の設定と、計画実行の考え方と進め方を学ぶ ・仕事の段取りとマネジメントの実践ポイントを習得する		3	
リスク管理	8	リスクマネジメント・危機管理の基本と実務	B社	・効果的なリスクマネジメントと危機管理対策について学ぶ ・日常の管理体制のあり方から、異常時の対応の実務ポイントを理解する		3	
財務・会計	9	経営・事業の意思決定のための管理会計	A社	・事業や設備の投資・撤退の判断について学ぶ ・損益分岐点分析、投資評価の手法と意思決定のポイント		2	
	10	知識ゼロから理解できる管理会計入門講座	H社	・会計数字を経営管理や事業計画に役立てる方法について学ぶ ・原価・利益管理の考え方、経営計画、予算管理の実践方法を学ぶ		2	
	11	よくわかる管理会計の基礎と応用	B社	・損失の発生や拡大を防ぎ、業績向上や経営体質の強化など管理会計を学ぶ ・利益が生まれるしくみ、管理会計の基礎知識を習得する ・すぐ実践・利用できる活用ノウハウや様式・フォームを解説する		3	
メンタルヘルス	12	メンタルヘルスの基本と職場におけるストレスマネジメント	G社	・増加するメンタルヘルス問題にどう対応すべきかを学ぶ ・「心の病」の正しい理解とストレスケア、職場の問題への対応策を理解する		3	
	13	労働時間・メンタルヘルスをめぐる法律と職場対応	G社	・時間外労働、精神疾患の問題にどう対応すべきかを学ぶ ・現場における管理のあり方、法的な視点からの対応方法を事例で学ぶ		3	
ハラスメント	14	セクハラ・パワハラをめぐる法律と職場対応	B社	・どこからがハラスメントになるのか、どう対処すべきなのかを学びます ・最新の労災認定基準・判例を踏まえた企業の法的責任、トラブル対応・予防策を学ぶ		4	
コンプライアンス	15	コンプライアンス経営と法律知識	H社	・企業不祥事や取引先トラブルのリスクを回避する方法を学ぶ ・ガバナンスの基本からリスクマネジメントの実務を習得する		3	
コーチング	16	実践！コーチングセミナー	A社	・部下の能力を最大限に引き出す手法を学ぶ ・部下を客観的にとらえるタイプ診断を行う		5	
	17	コーチング・スキルトレーニングセミナー	C社	・自発的行動が起こる環境を創り、相手から引き出して自ら行動できるスキルを学ぶ ・実習を中心に演習し、実際に使えるスキルを身に付ける		5	
ファシリテーション	18	ファシリテーション・スキル修得セミナー	H社	・ファシリテーターの役割と重要性についての認識を深め、会議、プロジェクト進行プロセスを理解し、具体的スキルを修得する		5	

第2章 能力開発・教育体系の作り方と見直し方

第4節 教育体系報告書の作成

　これまで教育調査を終え、教育体系を構成する人材育成方針、期待する人材像、教育体系図、教育体系内容、教育計画書を作成してきました。ここで、これまでの検討結果を教育体系報告書としてまとめ、トップや経営幹部など主要関係者への報告を行います。

1 報告書の構成

　教育体系の報告書は、通常「教育体系に関する報告書」と、教育調査でまとめた「調査報告書とデータ資料」の2部構成でまとめます。報告の際に、相手により短時間で要領よく説明する際にも便利です。

▶（1）教育体系に関する報告書の構成
①教育体系調査概要
　・目的（背景）
　・実施期間、スケジュール
　・メンバー
　・教育調査の要約
②教育体系の全体像
　・当社の人材育成の課題と対応策
　・人材育成方針
　・期待する人材像
　・階層別、等級別、職能別の期待する役割と能力の体系
　・教育体系図
　・教育体系内容

156

・教育計画書

③教育研修展開における当面の課題と対応

④トップ層への要望

▶（2）教育調査資料（付属資料）の構成

①調査資料一覧

②組織と人材育成の現状

・全社　・部門別　・階層別　・職能別　・OJTほか

③人材育成に関する問題と課題、課題への対応策の方向性

④等級別職種別期待役割と能力一覧表

⑤資料編　・幹部へのインタビュー結果

　　　　　・アンケート集計結果

　　　　　・教育ニーズ一覧表

　　　　　・現状の業務と必要能力洗い出し能力整理表

2 報告書の作成

▶（1）目次の作成

報告書の構成を検討し終えたら、目次を作成します。

まず、結論から述べ、次にその根拠となる事実の裏付けとなる証拠（調査データや分析結果など）を示します。そして今後の展開にあたっての課題や、幹部への要望を述べ、最後に再度結論を述べる展開が理解されやすいでしょう。

章立ても重要です。上記1－（1）で示した報告書の構成を参考に目次を作成してみましょう。〈図表067〉

▶（2）用紙と文字の大きさ

普段、社内で使用している企画書や案内文書などを参考にして、文字の大きさや用紙サイズを決めます。文字の大きさは、トップや役員などが対象者の場合には、年齢を考慮して文字の大きさを決めます。高齢で

あれば、11ポイント程度、通常は10ポイントか10.5ポイント程度が見やすいでしょう。

　用紙サイズはA3サイズを、通常ならば読みやすさや保管時のことを考慮して、A4サイズが良いでしょう。

　ページ数が多い報告書であれば、製本（くるみ製本やホチキス止め）するのもよいですし、少ないページ数であれば単に左上隅でホチキス止めした資料でも構いません。

　なお、片側2穴にしておけば、出席者が報告会終了後にファイルする際に便利です。

〈図表067〉 教育体系報告書の目次例

目次

１．教育体系調査概要

（１）目的（背景）

（２）プロジェクトメンバー

（３）実施期間

（４）調査の要約

２．教育体系の概要

（１）人材育成の課題と対応策

（２）教育方針

（３）期待する人材像

（４）等級別職能別の期待する役割と能力の体系

（５）教育体系図（表）

（６）教育体系内容

（７）教育計画書

３．教育研修展開における当面の課題と対応

４．トップへの要望

５．資料・データ編

　　・幹部へのインタビュー結果

　　・アンケート集計表

　　・教育ニーズ一覧表

　　・現状の業務と必要能力洗い出し能力整理表

第 **3** 章

教育体系の詳細設計
～階層別・職能別・課題別教育計画の作成～

　人材育成体系に盛り込まれた階層別や職能別などの集合教育を実施する際には、教育体系の内容に示された研修項目に沿って設計されたプログラムが必要となります。

　研修プログラムは研修の設計図で、研修を実施するためにはなくてはならないものです。例えば家を建てる際の建築設計図に当たります。研修は設計図であるプログラムに沿って、講師が台本であるレッスンプランを用いて行われます。研修目的を実現するために最適なプログラムとレッスンプランにより、期待される研修成果を上げられるのです

　本章では、階層別教育をはじめとする集合研修の教育計画、およびプログラム設計の要点と進め方を解説します。

第 **1** 節　階層別教育計画の作成

❶ 階層別教育計画の設計

▶（1）階層別教育の考え方

　人材育成において企業が特に力を入れて実施している教育は階層別教育です。

　階層別教育は部長層、課長層、中堅社員、若手・新入社員までの同一職位や同一資格にいる層の社員を対象に行われます。

　階層別教育は、組織における各階層の期待役割や各企業のこれまでの育成の取り組み、あるいは教育ニーズの状況から明確になった、重点内容と重点対象層によって組み立てる必要があります。階層別教育をより効果的に組み立て実行することが、企業業績向上と一致することを確信して取り組むことが重要です。

　したがって、階層別教育はまず各階層に対する期待人材像や期待能力を明確にして研修プログラムを設計することが重要です。それぞれの企業の置かれた状況に従って、各階層への役割期待や行動期待があるので、研修ニーズ把握の際には、中長期の経営計画や戦略、経営トップの期待、職場管理や仕事の遂行状況などから、各層への期待目標を明確にすることが望ましいでしょう。

▶（2）階層別教育への期待

　階層別研修は、職場外研修を重点に実施されます。階層別教育の目的は、各階層に必要な知識、技能、あるいはモノの考え方、役割行動、態度などの習得にあります。

　例えば、中堅層のある特定の時期や管理職登用などの節目に研修が実

162

施されることによって、社員各人にとってはマンネリに対する刺激になり、自己反省や洞察による気づきを得るなどして、新たな能力開発へと結びつける効果が期待できます。

　最近の動向をみると、係長層や課長層において階層別教育のなかに職能別や目的課題別の内容が組み入れられ、プログラム化されてきています。競争激化に伴って、必要なマーケティング力や目標達成への組み込みも多くみられます。研修プログラム内容に、役割遂行能力と共に課題対応型の能力も取り入れる傾向にあります。

　また、集合教育と連動させて、事前学習や事後課題として通信教育や推薦図書・課題論文などと組み合わせて行われることも増えています。単発の集合教育だけですと、とかく研修に参加すればよいという義務的な態度の社員も見受けられるため、通信教育受講、図書学習や課題論文のまとめなどの自己啓発的方法を取り入れて、研修プログラムを組み立てている事例も増えています。

　最近では、より学習効果を高める方法の一つとして反転学習が注目されています。知識習得は各自が研修の前に学んでおき、集合研修では学んだ知識を前提にした討議やワークを行う相互啓発型の研修で行います。研修の場では他者との討議を通じて自分の考え方、価値観、問題の捉え方や、他者との相違点に気づき、自己認識を深めより広い視座を得て成長を図る研修手法として期待されています。

▶（3）階層別教育計画作成の進め方、留意点

①各階層に求められる役割、機能を明確にし、役割機能を遂行するための期待、必要能力を確認する。

②各階層に実施する教育テーマ（研修項目）、研修目的と研修対象層を確定する。

③テーマ別（研修科目）に習得させる能力（知識、技術面、態度、行動面など）を設定する。

④教育企画を具体化するために以下の事項を検討する。

　・研修を社内実施の研修で行うか、外部研修（講習会、セミナー）

で行うかを対象者数、効果、予算面を検討して決める。

・研修予算を検討する。（会場費、機材費、交通費、食事代、講師料など）

・社内で実施する研修（社内研修）については、研修内容を踏まえて通信教育、事前学習課題などの実施、診断・アセスメントの実施や、研修後のフォローの仕方、フォロー研修の実施など検討する。

・担当講師（社内講師、社外講師）を決める。

・社内研修の場合には以下のことを検討し、全体を組み立てる。通勤型研修か合宿型研修か、事前学習と事後学習をどのように組み立てるか、研修講師は内部講師か外部講師か、主たる研修技法は何を活用するかなど。

・研修の効果測定をどのように行うか検討する。

⑤研修別のプログラム作成時での検討事項

研修プログラムを作成する場合には、以下の項目を検討して作成します。

・研修テーマ、研修目的、研修対象者、研修内容を整理する。

・研修内容別に、効果のある研修技法、研修時間（日数、期間）などを検討する。

・通勤形式か合宿形式か、単発型か連続型かを検討する。

以上の項目について検討・整理したうえで個別の研修プログラムを作成してください。上記の検討事項や留意点は階層別教育、職種別教育、課題別教育についても同様に進めます。

2 新入社員教育の計画

1) 新入社員には、会社の事業内容を理解するとともに、仕事の遂行に必要である業務上の基礎的知識、技術を習得することが求められます。新入社員に対する期待としては、より早く会社や職場に慣れる

とともに業務の基礎的な事項を習得することがあります。

新入社員教育を通しての目的は、①企業の経営理念や社是などについての理解　②企業人としての期待役割　③企業人としての心構え、基本動作の習得などが重要です。

2）新入社員導入時研修での企画内容面では、①会社方針や概要　②ビジネスマナーの習得　③生産・営業などの現場実習　④コミュニケーションやチームワークの理解　⑤実務に必要な基礎知識や仕事の基本動作などが中心となります。

3）教育方法として、講義などは極力少なくして、演習・実習などを体験して理解し、身につく方法を多く取り入れるようにします。会社案内の作成などテーマを決め、チームを組んで自分たちで材料を集めて製作するという進め方などは効果的です。

4）新入社員研修の組み立てとしては、入社時に行う導入研修から3ヶ月後、6ヶ月後に実施するフォローアップ研修までを一体化させて、新人の早期戦力化を図る必要があるでしょう。職場体験をしたあとのフォロー研修に、力を入れて実施すると効果的です。（〈図表068〉参照）

5）導入時研修、職場実習のあとの配属後は、先輩によるマンツーマン制度・メンター制度、あるいは上司によるOJTをきちんと実施することが重要です。きめ細かい日常指導を行うことによって、よりスムーズな職場への溶け込みや基本習得が期待できます。このタイミングで職場の指導担当者に対しても期待役割や指導法、接し方などの研修を実施して個別指導を強化させるとよいでしょう。

指導役となる社員に対して「指導マニュアル」を作成し、指導員の心構え、指導技術、指導内容についての教育を行うことが重要です。

指導員への教育内容としては、①指導員の役割　②指導の仕方、業務の教え方　③新入社員との接し方、対応の仕方、日常指導の仕方　④指導計画・指導報告書の作成の仕方などについて実施するとよいでしょう。

〈図表068〉 新入社員教育の全体デザイン

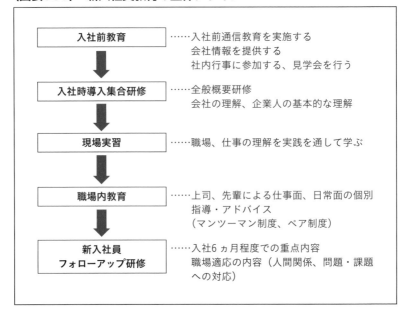

　新入社員研修の終了後、配属された後の一定期間を経たあとにフォローアップ研修を行うと効果的です。学んだことの定着化とさまざまな職場での経験の中で遭遇する問題や課題を共有し、解決への対応策などの討議を行うことで、モチベーションや意欲の維持向上を図ることが期待できます。

6) 新入社員研修の例

　〈図表069〉は、学生から社会人となる意識の切替え、新入社員に必要な仕事の基本の理解と習得をねらいとして導入時に実施する研修プログラムの例です。

〈図表069〉 新入社員研修プログラム事例

	1日目	2日目	3日目
午前	オリエンテーション 1．組織人としての心構え (1)現代の経営環境と経営組織の理解 (2)組織の目的と社員の役割	3．仕事を進める基本 (1)仕事の基本原則 (2)仕事の原則 (3)仕事の基本チェック研究	6．仕事に取り組む姿勢 (1)仕事の事例 (2)仕事に取り組む基本姿勢 (3)事例研究
午後	2．ビジネスマナーの確立 (1)ビジネスマナーの重要性 (2)身だしなみと姿勢 (3)挨拶とお辞儀 (4)名刺の交換 (5)言葉遣い (6)電話応対 (7)ビジネスマナー総合演習	4．職場のコミュニケーション (1)職場のコミュニケーション (2)指示命令の受け方 ・コミュニケーション実習 ・ビジネス文書の類型と基本フォーム ・文書作成実習 5．職場の人間関係 (1)コンセンサス (2)チームワークを発揮する原則	7．新入社員の行動指針と自己啓発 (1)自己啓発への取り組み (2)行動指針作成 (3)発表 まとめ

〈図表070〉は、企業人としての自覚を深め、一人前の社員として期待に応えるための行動の具体化をねらいとしたフォローアップ時の研修プログラム例です。

〈図表 070〉 新入社員フォローアップ研修プログラム事例

	1日目	2日目	3日目
午前	オリエンテーション 1．一人前の組織人とは (1)期待される役割 2．成長の確認と共有化 (1)配属後の実務体験を振り返る (2)自己成長の確認	4．仕事の基本再点検 (1)仕事の基本を点検する 5．一人前の社員になるために (1)必要な知識・技術の洗い出し (2)自己課題の抽出（強化項目）	7．将来目標を持つ (1)将来目標の検討 　キャリアプランの考え方 (2)1年後を目指した目標づくり (3)目標・行動計画の作成
午後	3．現状点検 (1)現状のセルフチェック 　・個人セルフチェック 　・グループ研究 　・全体発表と討議	6．職場の人間関係の強化 (1)問題の確認と原因 (2)人間関係の行動改善 (3)自己の対人関係傾向を知る (4)職場のチームワークとは	(4)グループ内の共有 (5)全体発表 まとめ 　・自己革新に向けて

3 中堅社員教育の計画

1）中堅社員教育の特性として、中堅層は入社5〜6年目から監督者や
係長になるまでの層が対象層であり、範囲が広いことにあります。
それに伴い、教育のねらいや内容の焦点のあて方を対象層別に明確
にすることが重要です。
中堅層を一つとして捉えずに経験・キャリア別に2〜3階層に分け
て役割・期待能力を明確にして教育プログラムを作成するとよいで
しょう。

2）中堅層は、仕事に対する取り組み姿勢を確立する上で、きわめて重
要な時期です。したがって中堅社員教育では、仕事に対する取り組
み姿勢を確立し、併せて職務を遂行するうえで必要な知識・技能を
十分に理解、習得することを目指します。

3）習得目標の第1は業務遂行能力の向上であり、専門分野の知識や技
術の専門能力向上のための職能分野別の教育が中心となります。

4）中堅社員教育で考慮すべきことは、実務知識や技術の向上・強化が
必要な層であるため、階層別教育と職能別教育とのすみわけ、組み
合わせを考えて教育計画を作成することが必要です。

5）中堅社員教育では、期待される役割の理解と共に、共通基本能力を
向上させることが必要です。共通基本能力とは、企画力、表現力、
説得力、問題解決力、後輩指導力などです。

6）講義形式と討議形式を併用して進めるとともに、研修後に職場で実
行する行動計画の作成を行うと効果的です、上司によるフォローや
指導の実施と関連付けした研修および職場実践などとを連動するこ
とで研修効果を高めます。

7）中堅社員研修の組み立てとしては、集合研修と共に通信教育や課題
図書、eラーニングなどの自己啓発型教育手段による併用を図るこ
とも効果的です。

8）中堅社員教育の例
〈図表071〉は中堅社員に期待される役割と行動、職場の問題を発見

し解決するスキル、後輩指導と育成の方法などについての習得と今後
の行動計画を具体化することをねらいとした研修のプログラム例です。

〈図表071〉 中堅社員研修プログラム事例1

	1日目	2日目
午前	1．中堅社員に期待される役割 　(1)当社の現状と経営計画 　(2)中堅社員に期待する役割 　(3)中堅社員に必要な能力	4．職場のコミュニケーション 　(1)チームワークとリーダーシップ 　(2)上司の補佐と職場のとりまとめ 　(3)職場の活性化
午後	2．職場の問題と課題 　(1)職場の問題と情報交換 　(2)問題解決の進め方 　(3)解決策の検討・発表	5．後輩の指導と育成 　(1)後輩指導のあり方 　(2)OJTの考え方と進め方 　(3)後輩指導の方法と計画 6．今後の行動計画作成・宣言

　〈図表072〉は、中堅社員が実務のプロフェッショナルとして成果を出
すために必要となる「6つの共通専門能力（管理力、改善力、企画力、
表現力、傾聴力、説得力)」を演習を通じて学習するプログラムです。

〈図表072〉 中堅社員研修プログラム事例2

2日間

	オリエンテーション
1日目	1．中堅社員に期待されること ・自分への期待を考える（演習） ・（演習）自己チェックから学ぶ（演習） ・基本動作・基礎態度・6大能力チェック 2．6大職務能力を身に付ける ・管理力：演習コンセンサス実習（演習） ・改善力：チェックリストによる改善項目の発見（演習） ・企画力：「パシフィック運輸のケース」（演習） 　　　　　情報収集、企画への骨子を作る ・表現力：ポイント講義と翌朝の課題提示（講義）
2日目	昨日の振り返り ・表現力：スピーチ実習（演習） ・企画力（1日目のつづき） プレゼンテーション準備 ・傾聴力：傾聴力実習（演習） ・説得力：ポイント講義（講義） 　　　　　企画書プレゼンテーションと相互評価（演習） 3．後輩指導の責任を果たす ・後輩指導のポイント（講義） ・行動3原則の作成、実行宣言（演習）

4　監督職教育の計画

1）監督職層は会社によって異なりますが、一般的には班長・主任・係長層が対象となります。監督職層は、業務遂行の能力は一通り習得している状況にありますので、自職場の目標達成と、後輩、部下を指導・育成して職場をまとめていくという立場にある階層です。

2）日常業務を、責任を持って管理することが期待され、担当業務遂行力と部下・後輩の業務指導力が必要です。したがって職場の仕事を管理するための計画、実施、検討（PDCA）の諸活動を習得することが望まれます。そのためには管理活動の考え方や管理スキルの向上を図る必要があります。

3）監督職層はマネジメントの基礎習得とともに、管理技術である品質管理、生産管理、原価管理、安全管理、労務管理などの管理技術についても、体系的に身につけることが要求されます。

4）監督職層教育の組み立て

①研修効果を高めるために、集合研修と併せて自己啓発教育（通信教育など）による併用を図ることも効果的です。集合研修では、役割認識やマネジメントの基礎習得を中心にした組み立てを行います。会社の実態に合わせた原価管理、品質管理、安全管理なども盛り込むと一層効果的です。

②マネジメントの基礎については、監督職層の時期に理解習得を図るべきです。特に人・人間の側面で重要な部下の指導、育成についての習得は重要で、指導についての実践力を身につけるために、ロールプレイング方式などの演習を取り入れて実施すると効果的です。マネジメントの基礎や管理技術については、通信教育などによる事前学習を取り入れれば、学習効果が高まり理解も深まります。

③職場の問題解決や部下の指導育成については、特に重要な習得項目となるので、研修の中で行動計画表を作成し、研修後に職場でその計画に挑戦するという取り組みによって、実践行動に結びついた活動となります。

5）監督職研修の例

〈図表073〉は監督職の業務遂行力、職場の仕事をムリ・ムダ・ムラなく効率的に進めるように業務を改善する能力と部下指導力（部下との人間関係の円滑化を図り、部下を指導・育成する能力）について習得することをねらいとする研修プログラムです。

〈図表073〉 監督者研修プログラム事例

	Ⅰ日目	2日目
午前	1．監督者に期待される役割 2．管理の3つのポイント (1)目標達成のマネジメント (2)管理の基本 (3)5Sと5M	5．監督者の成果とは ・生産3原則と工場管理 ・ものづくりの基本思考 6．変化に対応した管理手法 ・改善スキルの5段階　事例研究
午後	3．組織を機能させる条件とは (1)人を動かす条件 (2)人間の本質 4．コミュニケーションスキル ・仕事の教え方原則 ・ロールプレイング演習	7．仕事の取り組み方 8．行動指針の作成 ・個人研究とグループ内発表 まとめ

〈図表074〉は、監督職に必要な4つの能力を、講義・演習を交えて習得を図る定型訓練プログラムです。戦後、米国より導入され、現在も多くの企業で実施されています。

①合理的かつ正確に安全に部下を指導し育成する能力の習得

②職場の仕事をムダ・ムラ・ムリなく効率的に進め、改善する能力の習得

③部下との人間関係を円滑にし、職場の人間関係を円満に解決する能力の習得

〈図表074〉 監督者訓練プログラム（TWI-4J）事例

Ⅰ．仕事の教え方　　TWI－JI（Job Instruction）	
1．仕事を正確に、安全に、速く理解させるための訓練指導の4段階	
2．作業分解の理解とその作り方	4．教え方の演習と批評
3．教えるための準備事項	5．監督者の仕事の本質

2．改善の仕方　　　TWI−JM（Job Methods）	
１．作業方法改善の目的理解と改善方法の活用	
２．作業改善の提案の仕方	
３．改善カードによる改善の実施	
４．目的・４段階・提案シートの復習	
3．人の扱い方　　　TWI−JR（Job Relations）	
１．人との関係をよくするための基本心得	
２．事実をつかむ〜言い分や気持ちのつかみ方	
３．よく考えて決める〜４段階法	
４．予防処置と後を確かめる	
５．監督者と部下以外の人との関係	
4．安全作業のやり方　　　TWI−JS（Job Safety）	
１．事故となる要因を考える	３．対策を実施する
２．対策を考えて決める	４．結果を検討する

　〈図表075〉は、リーダーとしてチームを率いるために必要な7つの能力（目標管理能力、問題解決能力、組織・チームワーク能力、コミュニケーション能力、指導・動機づけ能力、部下育成能力、自己管理能力）を講義と演習を通じて習得するプログラムです。

〈図表075〉　リーダーシップ開発研修プログラム事例

	2日間
1日目	オリエンテーション
	１．リーダーのあり方
	・リーダーの役割と心がまえ（講義）
	・リーダーに必要な基本能力（講義）
	２．目標管理能力を強化する
	・目標コンセンサス（演習）
	個人研究→グループ研究→クラス研究
	・目標、目標管理（講義）

	3．問題解決能力を強化する ・問題解決のステップ（講義） ・事例研究（演習） 　個人研究→グループ研究→クラス研究 ・問題解決の留意点（講義） ＊宿題：今日の研修での気づきのまとめ
2日目	4．1日目の振り返り 5．組織・チームワーク能力を強化する ・事例研究の振り返り（演習） ・チームワーク向上のポイント（講義） 6．指導・動機づけ能力/部下育成能力を強化する ・DVD研究（演習） 　グループ研究→クラス研究 ・指導・動機づけ/育成の考え方と方法（講義） 7．コミュニケーション能力を強化する ・傾聴実習（演習） ・コミュニケーションの基本（講義） 8．自己管理・啓発能力を強化する ・自己管理・啓発とは（講義） ・アクションプランの作成（演習） ・アクションプランの発表（発表）

5 管理職教育の計画

1）管理者層とは一般的に課長層が対象であり、日常の業務管理、人間
　管理を職場できちんと実行することが職責として期待されています。
　管理職教育は、担当部門のマネジメント活動のレベル維持向上と、
　部下の能力向上に取り組むことが期待されています。業績の向上と
　部下がやる気になり、仕事に対して挑戦的に取り組む状況づくりが
　責務となります。同時に自身が次期経営幹部の立場にあるため、全

社的視野に立った経営感覚や経営戦略力を身につけることも必要となります。

2）管理職を対象とした研修は、階層での検討が必要です。それぞれの期待役割、能力についての自社ニーズに基づいて研修を組み立てることが求められます。

①新しく管理職として任命を受けた新任の管理職を対象とする新任管理職研修

②管理者としての経験とキャリアを積んできた既任の管理者を対象とする中級管理職研修（課長研修）

③管理者でも経営を補佐する立場にある部長を対象とする上級管理職研修（部長研修）

3）管理者研修の組み立て

①従来は単発の集合研修が中心でしたが、研修の効果がいま一歩という情況も多くみられます。集合研修、通信教育、事前事後の課題まとめなどを体系的に組み立てて研修プログラムを作成することが効果的です。

②組み立ては、事前学習－集合研修－通信教育－集合研修－課題まとめという一体的な進め方を工夫して実施すると効果が上がります。この一連の体系のなかに、マネジメントの実践力や経営戦略力、あるいは人事実務である人事評価や業務管理などをプログラム化することによって、職場の管理力の徹底とともに、経営戦略的感覚の養成を図る組み立てを工夫するとよいでしょう。

③管理者研修のプログラム内容は、マネジメント力とともに部下の動機づけと指導育成力の向上を組み入れるとよいでしょう。なぜなら、管理職個々によってかなりのバラツキがみられ、これが会社全体の管理レベルを低下させている原因となっているからです。

重点の能力項目としては、下記の能力向上と具体化を図ることです。

・管理職の役割、責任

・マネジメント活動

・部下指導・育成

・リーダーシップの発揮

・経営戦略

④マネジメントのための指針づくりや部下指導のツール整備などは、研修実施に比べると取り組みがなされていないことが多くあります。管理職の能力向上とともに、マネジメント活動の仕組み（目標管理や人事評価）や部下指導のためのツール整備などにより、体制の強化を図る必要があります。

4）新任管理者研修

①管理者の役割は、「ヒト、モノ、カネの経営3資源」を活用して、経営目標を落し込んだ部門目標を達成することです。

はじめて管理職に就いた新任管理者には、それまでの職場リーダーとしてメンバーをまとめ、上司を補佐して部門目標を達成する役割から、部下とともに、期待される目標を達成し成果を上げることが期待されています。職場目標の達成、人事労務管理の遂行、部下の活用と指導・育成が重要な役割となります。

②新任管理者研修に際しては、任命されて意識も高い時期なので、管理職としての役割・期待について徹底的に理解させましょう。マネジメント活動のあり方、部下の動機づけ、育成については集合教育と通信教育・eラーニングなどを併用して計画すると効果も高まります。

5）管理職研修の例

〈図表076〉は以下4点をねらいとし、講義と演習で組み立てた研修プログラムです。

①管理者の役割と期待に応えるための知識・スキル

②チームマネジメントの考え方と進め方

③部下の指導育成の方法とコミュニケーションのあり方

④職場における仕事と人の管理方法

各項目別に講義と演習によって組み立てて受講者の理解を高める工夫をしています。

〈図表076〉 新任管理職研修プログラム事例1

	3日間
1日目	管理職の職責と期待　　（役員特別講義） 1．管理者への期待 　(1)外部環境の変化と管理者の視点 　(2)管理者への期待役割（課題研究）討議と発表 　(3)管理者に求められる考え方・能力 2．チームマネジメントと仕事の管理 　(1)チームマネジメントの2側面 　(2)マネジメントのレベルを上げる 　(3)職場のPDCAと部下のPDCA（課題研究）討議と発表 懇親会（経営幹部参加）
2日目	3．チームマネジメントとコミュニケーション 　(1)コミュニケーション演習 　(2)積極的コミュニケーションとは 　(3)ノンバーバルコミュニケーション 4．マネジメントスタイルとマネジメントスキル 　(1)人間関係の質を高める 　(2)自己理解の進め方 　(3)自己の対人関係の傾向を知る（診断テストとフィードバック） 5．マネジメントスキルの高め方 　(1)管理者のリーダーシップ（簡易診断テストとフィードバック） 　(2)管理者の影響力 　(3)管理者として成長する
3日目	6．部下指導と育成 　(1)部下指導の原則を理解する 　(2)人事考課の活用とフィードバック 　(3)部下との面談の進め方（面談ロールプレイ）

〈図表077〉は、「部下を育てながら目標を完遂する」ための管理者としての行動を学び、これからどのように行動すべきかを考え、管理者としての基本を習得するプログラムです。管理者が職場で直面するケースを目標完遂の側面と部下育成の側面から考察し、管理者に求められる基本の両輪を備えることをねらいとしています。

〈図表077〉　新任管理職研修プログラム事例2

事前課題	・「私の仕事記録3週間」の記入 ・「支援傾向フィードバック」の受験 ・ケース「（株）アイジム伊藤課長」の読み込み
一日目	オリエンテーション 1．管理者の役割 　・私たちの役割（演習） 　・現状の行動の特徴は何か（演習） 2．目標完遂 　・「（株）アイジム伊藤課長のケース」（ケース演習） 　　目標完遂の基本 　　部門目標の設定 　　計画（役割分担）の策定 　　進捗管理 　・相互インタビュー（演習） 　　目標完遂に関する現状と今後の課題 　・問題解決（演習） 　　問題解決の手順と問題発見の着眼点 3．部下育成 　・3つの支援と部下の成熟度の解説 　・支援傾向フィードバックと実務適用（演習）

179

2日目	・「(株) アイジム伊藤課長」のケース（ケース演習） 　育成のポイントと方法 ・相互インタビュー（演習） 　部下育成に関する現状と今後の課題 ・問題解決（演習） 　問題の発見と絞り込み ・管理者としての行動変容（演習） 　アクションプラン策定
職場実践	・ARノートによる自己開発計画の実践 ＊AR：アクションプラン（行動）とリフレクション（振り返り）

6）労務管理研修の例

　〈図表078〉は、職場運営に必要な労務管理についての理解を深め、リスクのないコンプライアンス遵守の職場運営を確実に実施できることを目的とした管理者向けのプログラム例です。新任管理者研修と合わせて実施する例が多いテーマです。

①管理者に必要な雇用の知識を、労働基準法を中心に理解する

②自社の就業規則の定めを、法律の裏付け・根拠と紐づけて理解する

③現場で労務管理をコンプライアンスに基づき適切に運用できる知識を学ぶ

〈図表078〉　労務管理研修のプログラム事例「労務管理の基本」

	1日間
午前	1. 管理者に必要な労働法 　労働基準法・労働契約法・労働安全衛生法 2. 労働基準法の基礎 ・当社の就業規則 ・労働時間管理と労働時間制度 ・休憩と休日

午後	3．労働基準法の基礎2
	・36協定（時間外労働）
	・休暇、年次有給休暇、賃金、解雇、懲戒
	4．派遣・パートタイマーの労務管理
	・労働条件の明示（雇用契約書）
	・派遣社員・パートタイマー・アルバイト社員の管理
	・年少者・外国人の雇用
	5．労働安全衛生法の基本
	6．コンプライアンス
	・ハラスメントと人権
	・パワハラとセクハラ、マタハラについて
	7．ケース演習
	・個人研究・グループ討議、まとめ

7）人事考課者研修の例

〈図表079〉は、人事考課の目的・考え方・進め方、行動評価と業績評価の仕方、評価面談の考え方と進め方を理解習得することをねらいとし、考課や面談の演習を取り入れて実践力を身に付ける研修プログラムの例です。管理者研修とは別個に実施するケースが多く、評価実施者を対象に定期的に実施するとよいでしょう。

〈図表079〉 人事考課者研修プログラム事例

	1日間
午前	■オリエンテーション
	1．人事考課の基本知識
	・人事考課の目的と意義
	・人事考課の基本原則
	2．当社の人事考課制度の再確認
	3．考課演習(1)
	・個人演習・グループ討議

	・全体発表・講師コメント
午後	4．人事考課実施上の面談の進め方
	・行動評価の進め方
	・行動記録の作成
	・評価の検討
	・陥りやすい評価エラー
	・自己の評価傾向を知る（自己評価傾向診断）
	5．業績評価、能力行動評価のポイント
	・評価基準の確認
	・業績評価と目標管理
	・能力行動評価のポイント
	・考課演習⑵
	6．評価面談の進め方
	・面談の目的と留意点
	■まとめ

8）中級管理職（課長）研修の例

①課長職は権限や裁量の幅が広がり、より広い視野に立った部門マネ
ジメントとリーダーシップの発揮が求められます。経営目標とリン
クした部門目標の設定と、達成への戦略・戦術、実現に向けたロー
ドマップの作成、活気に満ちた職場風土作り、部員のモチベーショ
ン向上と育成の手立てなどの役割が期待されています。

②中級管理職の立場にある課長職は、マネジメントの実務経験がある
ので、自社の管理職のニーズを明確にして、より強化が必要な能力
についての研修計画を作成することが重要です。例えば、管理能力
向上、労務管理実務、人事考課能力向上、経営感覚醸成などがあげ
られます。

〈図表080〉は、管理職としての役割認識、関係者との効果的なコミュ
ニケーションのとり方、部下の指導育成をねらいとし、項目別に演習を

取り入れた管理能力向上の研修プログラム例です。

〈図表080〉　中級管理職研修プログラム事例

	1日目	2日目
午前	1. 理想の管理者を目指して ・管理者に期待される役割とは ・管理者に求められる能力 2. 職場のマネジメント ・マネジメントとリーダーシップ ・職場運営の年間サイクル ・職場目標と進捗管理 ・目標管理の指導研究	4. コミュニケーションスタイル ・自己診断チェック ・自己分析と解説 ・自己課題の抽出 5. 動機づけと職場の活性化 ・ストロークとは ・動機づけの考え方と手法 ・ストローク演習
午後	午前のつづき 3. 部下の指導と育成 ・育成の原理・原則 ・目標管理とOJTの進め方 ・目標面接演習	6. メンタルヘルスとハラスメント ・メンタルヘルスとストレスチェック ・職場のハラスメント研究 7. 魅力ある管理職を目指しての自己革新 ・自己課題の整理と行動計画作成 ・グループ討議と決意表明

　〈図表081〉は、管理者としての役割を果たすために必要な7つの能力（目標設定、計画、組織化、コミュニケーション、動機づけ、育成、自己革新）を習得し、組織・人を通して成果を挙げる管理者を育成するプログラムです。管理者に必要な能力の全体像を自己診断で確認し、自分の強み・弱みを確認した後、個別の能力について学習します。

〈図表081〉 管理能力開発研修プログラム事例

事前課題	・「自職場の環境確認と自分の課題」の記入 ・ケース「高橋さんの事例」の読み込み
1日目	オリエンテーション 　1．管理者に必要なマネジメント能力 　　・経営環境の変化と企業課題（講義） 　　・管理者に期待されること（演習） 　　・管理者に必要な7つの能力とは（演習） 　　　自己診断、グループ研究 　　・事前課題のグループ共有（演習） 　2．目標設定能力を強化する 　　・マネジメントと目標、目標の3大要素（講義） 　　・目標設定能力（演習） 　　　ショートケーススタディ 　3．計画能力を強化する 　　・計画の定義および意義（講義） 　　・マネジメントプロセス実習（演習） 　＊宿題：ケース「大川課長の事例」の読み込み
2日目	4．組織化能力を強化する 　　・マネジメントと組織化（講義） 　　・人選と環境づくり（演習） 　　　ケーススタディ「高橋さんの事例」 　5．コミュニケーション能力を強化する 　　・コミュニケーションとは（講義） 　　・コミュニケーションスキル実習（演習） 　　　表現力実習、対話実習 　6．動機づけ能力を強化する 　　・部下のやる気をどう醸成するか（講義） 　　・ケーススタディ「大川課長のケース」（演習）

面談実習
7. 部下育成能力を強化する
・育成の考え方（講義）
・DVD研究「二人の課長」（演習）
8. 管理者としての自己革新の進め方
・自己革新とは（講義）
・アクションプランの作成（演習）

9）上級管理職（部長）研修の例

①経営幹部層の次長・部長層クラスが対象となります。

②経営幹部への第一の期待は、経営戦略を踏まえた事業戦略面での革新力、実行力であり、競争が激しい時代にあっては先の変化に的確に対応できる革新力を身につける必要があります。全社的視野から経営の置かれた状況を判断し意思決定していくことが望まれます。また、部門のメンバーが活き活きと意欲的に仕事に取り組む職場風土や環境づくりが必要です。さらには、部下育成に積極的に取り組み、職場を活性化させることが期待されています。

③研修の組み立ては、外部セミナーと社内の集合研修の併用が効果的です。外部セミナーへの参加により、社外の幅広い人脈づくりや視野の拡大を図ります。社内集合研修においては、事業戦略や人材戦略などにテーマを絞って、討議やまとめを中心とした進め方により、自社の経営の方向について共通認識を持たせるという効果もあります。

④研修の内容は、戦略的な革新発想や実行力を高めることが重要です。自社の経営計画の立案、推進と連動させると効果的です。そこで、全社的な視野と経営環境を見据え、経営者の視点から経営目標の実現に向けた部門ビジョンの策定と戦略立案、組織変革など、現状を打破する変革力やリーダーシップ、コンプライアンスとリスクマネジメントなどが挙げられます。また、人材育成、組織の環境整備を中心とした経営体質改善に対する具体的研修が必要となります。

⑤対象人数が少ないため、計画する際は経営を補佐するために必要な具体的内容と研修テーマを関連させて進めることが求められます。

〈図表082〉は、上級管理者に求められる戦略（方針）構築力の強化、自部門のビジョン・戦略思考の向上、戦略マネジメントの実現を図る展開方法の習得をねらいとした経営幹部・上級管理職層向け教育研修プログラムの例です。

〈図表082〉 上級管理職研修プログラム事例

	Ⅰ日目	2日目
午前	社長特別講義 Ⅰ．研修のねらい〜オリエンテーション 　戦略マネジメント力を強化し、成果を上げ続けるためには？ 2．リーダーとは ①リーダーの本質 ②リーダーに求められるスタンス ③戦略マネジメントの考え方	4．昨日の振り返りとつづき ①部門ビジョン戦略の発表・討議 ②検討と修正
午後	午前のつづき 3．部門ビジョンを策定する ①自職場のビジョンを構想する ②ビジョン相互検討 ③部門戦略の策定	5．部門ビジョン戦略の発表 ①発表・討議 ②アクションプランの策定 ③部門浸透策と展開実行計画の策定

〈図表083〉は、経営幹部の戦略力の強化をねらいとしています。

研修を3日のシリーズで組み立てています。1日目は現状の経営課題

の抽出。2日目は現状把握に基づく経営基本戦略の策定。3日目は戦略の実施計画作成という手順で進め、自社での展開を研究させて経営実践と連動を図る研修のプログラム例です。

〈図表083〉　経営幹部層戦略力強化研修プログラム事例

現状経営課題抽出と分析研修	
１．当社の事業分析、環境分析、経営資源分析の実施	
２．経営的側面より現状を把握・研究	１日目
３．経営全般の実態把握の重要性および分析手法の理解	

⇩〈経営課題整理〉

戦略発想と基本戦略の策定研修	
１．収益力・資金力分析の実施	
２．トータルな経営実態把握のもと基本戦略策定研究	２日目
３．経営分析手法と戦略策定手法	

⇩〈基本戦略の策定〉

戦略計画の実施推進研修	
１．戦略計画・テーマ実施の総合的なスケジューリング、予算化研究	
２．達成評価基準の構築	３日目
３．スケジューリング化の考え方、予算化、評価基準の留意点	

６　選抜型次世代リーダー教育の計画

1）これまで日本の企業においては、一律に育成・昇進を行う中で徐々に優秀な人材が選ばれ、経営幹部、取締役へと進み経営を担う立場になるケースが多くみられました。しかしながら、グローバル競争などの経営環境が大きく変化する時代に、経営を担うリーダーを輩出するための育成スピードは、従来の形態ではそぐわなくなってきています。そのため、企業は計画的・意図的に将来の経営幹部・リ

ーダー育成に力を入れるようになってきています。

2）具体的な取り組みとしては、早期に選抜された優秀人材を集めて、経営を担う上で必要な知識やスキルを習得させ、併せて自社の経営課題や、事業計画の策定などに取り組ませる実践的教育を行う企業が増えてきました。

3）育成の考え方としては、集合研修を次世代リーダーへのスタートラインと位置づけて、その後の配置や職務経験を担わせ、修羅場の体験を通じて成長の機会を与えることです。研修ではその前提としての武器である経営知識の習得を図ることが必要です。

4）研修プログラムは、経営知識を学ぶパートと、自社の経営課題についての対応策や、自社の事業計画を策定させるなど実践的演習を取り組ませ、最後にトップへプレゼンテーションするパートという2部構成での企画が多くみられます。

5）研修後の配置は各社それぞれですが、他部門や新規事業部門への異動や幹部の立場で子会社へ出向させるなど、未経験の場で経営幹部としての経験をさせて早期育成を行っています。

〈図表084〉は、経営を担う上で必要な経営管理の基本知識を習得するための経営幹部育成研修の例です。

第1単位から第6単位までの連続研修で、各単位の間では課題が与えられる1年ほどの期間の研修プログラムです。

〈図表084〉 経営幹部育成研修プログラム事例

	経営計数（財務・会計）研修	
第1単位	1．会計リテラシー 2．企業会計の仕組みとルール 3．B／S、P／Lの読み方と経営分析 4．財務会計と管理会計	1日間
	組織・人事マネジメント研修	
第2単位	採用から退職までの経営視点からの組織・人材マネジメントのあり方 1．組織マネジメント　　2．人材マネジメント	1日間
	経営意思決定研修	
第3単位	経営意思決定の各要素をPCで実習 数期のシュミレーション演習を通して、生産、販売、財務、投資、リスク管理などの経営諸機能を理解する	2日間
	経営戦略立案計画研修	
第4単位	1．経営課題の抽出・分析と戦略発想 2．戦略構想と推進と経営計画の立て方 3．事業ミックス分析、経営資源分析実習	2日間
	目標設定と推進研修	
第5単位	1．戦略実行におけるリーダーシップのあり方 2．成果目標管理の考え方と効果、目標展開の具体化実習 3．目標指針管理のポイント	1日間
	マーケティング戦略研修	
第6単位	1．マーケティングの考え方 2．自社を取り巻く経営環境 3．マーケティング戦略を考える 4．マーケティング競争戦略 5．ケーススタディ演習	1日間

第3章　教育体系の詳細設計〜階層別・職能別・課題別教育計画の作成〜

| 第**2**節 | # 職能別（職種別・部門別）
教育計画の作成 |

職能別教育とは、どのような業務を担当しているかによって対象層が決められる教育です。職能別教育も基本的なアプローチは研修ニーズを把握し、必要な研修項目を洗い出し、優先度を決め、より効果的な研修方法を考えるという取り組みになります。各部門がどのような使命、課題を担っているかを確認し、その後部門ごとに個別のプログラムを作成する進め方を行います。

１ 職能別教育全般について

職能別教育も、組織が期待する各職能の役割にしたがって組み立てられます。職能の分野は、事務管理部門、営業部門、マーケティング部門、生産部門、技術部門、研究開発部門などに区分されます。このうち事務管理部門は経理、総務、広報など性格の異なる業務分野が一括りにされているため、集合研修を実施するのは難しい状況にあります。

これに比べ他の営業系、生産技術系、研究開発系の部門は、職能分野共通で必要とされる能力も多いため、職能別教育が実施されているケースが多いといえます。

▶（１）職能別教育の傾向

①職能別教育は、経営環境の変化が激しい昨今は、教育担当者がいかに敏感にその変化をキャッチできるかが、効果的な研修を実施する最初のポイントとなります。

②最近の研修の主要な傾向の１つは、企業倫理やコンプライアンスなどが前面に出てきたことです。経営理念や顧客サービスの基本姿勢、品

質管理の考え方などが重要視されてきているためです。

③個人尊重、個人重視の傾向のなか、社員個々人のキャリア開発を促進し、本人の働きがいに結びつくような観点からの工夫が試みられています。社員のライフステージの中で、今どのようなスキルが必要かという見方が重要になっているのです。働く意識の変化という事情により、いかに魅力的な企業や職場をつくり、社員を定着させることができるかという課題も高まってきています。これらのポイントを、社員のキャリア開発を補完する仕掛けとして、いかに研修プログラムの中に組み込んでいくかといった工夫が必要になってきます。

▶（２）職能別教育計画作成の留意点

職能別教育の留意点としては、以下の項目が挙げられます。

①マーケット、顧客や関連技術・技能分野の動向、変化に常に注目し、研修プログラムに反映させることです。変化は現場部門が一番肌で感じています。したがって現場の声に耳を傾け、ニーズを把握することが重要であり、教育担当者は、定期的に現場に顔を出すようにすることが大切です。

②社員のライフステージをみた体系的な研修を考え、どの段階で、どのようなスキルを身につけたらよいかを考えて研修を組み立てます。

③職能別教育は、一般的にすぐ効果の出るスキル習得にのみ目を向けがちになるので、そのベースとなる経営理念や基本方針を押さえることが重要です。

⑤人事部門と各職能部門との連携が図れていない場合が多いので、定期的な情報交換の仕組みをつくり、職能教育のニーズを把握し研修計画に反映させる取り組みを行うことが大切です。

〈図表085〉 各部門が抱えている課題

部門	環境要因	課題
マーケティング部門	1　休日、余暇時間の増加 2　法的規制の緩和 3　高齢化 4　女性の社会進出 5　情報ネットワーク化の進展	1　高付加価値商品開発 2　顧客管理システム 3　変化対応型の組織編成 4　ブランド戦略 5　市場情報システムの確立
生産部門	1　顧客ニーズの多様化 2　商品の高品質化 3　新製品開発競争の激化 4　同業他社との競争激化 5　製品プロセスの革新	1　生産リードタイムの短縮 2　不良率の低減 3　作業の見直し 4　生産ラインの自動化 5　新しい生産システムの確立
研究開発部門	1　同業他社との競争激化 2　顧客ニーズの多様化 3　エネルギーなどの原材料高騰 4　理工系学生の製造業離れ 5　新素材の開発	1　開発進捗情況の把握 2　マーケティングとの関係密接化 3　分析機器の充実 4　開発テーマの客観性 5　開発支援体制の強化

2　営業部門・マーケティング部門教育の計画

1）営業部門やマーケティング部門は、顧客やマーケットの変化を真っ先に受ける部門です。顧客行動や市場動向などの関連情報をタイムリーに把握し、教育においても素早く対応できることが望まれてい

ます。

2）最近の傾向としては、会社としての営業基本方針を踏まえたマーケティングマインド、営業マインドの醸成を目的とする内容も増えてきています。現実には営業方針、戦略から営業スキル、販売管理まで幅広いテーマがあるため、重点的で計画的に研修計画を立てることが重要です。単に営業販売のテクニックだけに目が向いた研修に終始することは避けたほうがよいでしょう。

3）マーケティング研修の例

〈図表086〉は、マーケティング戦略の全体像と自社の戦略策定力の習得をねらいとし、競争戦略や市場戦略などの理論・考え方と進め方を、事例を交えながら研究するプログラム例です。

〈図表086〉 マーケティング研修プログラム事例

	1日目	2日目	3日目
午前	社長特別講義 1．戦略競争時代を勝ち抜くには 2．戦略経営の枠組み	5．成熟時代におけるマーケティング戦略	7．販促戦略の考え方と進め方
午後	3．市場把握の考え方と進め方 4．商品開発・育成の考え方と進め方	6．流通チャネル戦略の考え方・進め方	8．地域（エリア）戦略の考え方と進め方 9．マーケティング力強化の重点課題

4）販売戦略研修の例

〈図表087〉は、販売戦略の実践力強化を図ることをねらいとして、現状把握から戦略の策定までをステップを踏んで研究するプログラムです。

〈図表087〉 販売戦略研修プログラム事例

	1日目	2日目
午前	オリエンテーション 　当社の経営状況と市場環境について 1. 販売戦略の現状 ・主力製品の販売状況について ・販売戦略の進捗状況と今後の見込み	3. 研究課題の取り組み 　販売の現状と今後の課題と対策 ・個人研究 ・グループ討議 ・全体発表
午後	午前の続き 2. 得意先管理の考え方と手立て ・得意先特性分析 ・競合分析 ・得意先管理の課題と方策	4. 販売戦略の見直し検討 ・販売戦略の見直しと再構築 ・グループ研究・討議 ・全体発表と討議

5）営業研修プログラムの例

　〈図表088〉は、営業担当社員に必要な顧客開拓、商談の仕方、話法とクロージングなどの習得をねらいとする研修プログラムです。

〈図表088〉 営業力強化研修プログラム事例

	1日目	2日目
午前	1. 営業の役割と活動 ・営業担当者に求められること ・競合他社に勝つ営業活動の差別化 2. 新規開拓の進め方 ・新規開拓の事前準備 ・営業ノートの作成と活用法	4. 商談の進め方 ・商談の展開と流れの理解 ・商談時のセールスツールの活用 ・商談シナリオの作成 ・グループ演習 　商談のロールプレイ

	3．訪問活動の進め方	5．セールストーク
午後	・訪問を成功させるポイント ・見込みユーザーとの信頼関係 ・顧客との信頼関係作りの研究	・応酬話法とクロージングのポイント ・演習：応酬話法とクロージングのロールプレイング ・訪問後の分析と対応策 6．今後の営業活動 ・活動計画の作成とグループ内発表

3 生産・技術部門教育の計画

▶（1）技術部門の研修

　技術という高度専門分野の知識とスキルの習得、さらにその管理運営などのテーマがあります。内容は高度で専門的ではありますが、何を習得すればよいかが比較的はっきりしているため、体系的に整備することができます。しかしながら、管理運営面のテーマについては、ややバラツキが見られ、設備やシステムはメカニカルな技術の習得が課題となることが多いです。

▶（2）生産部門の研修

　いかに生産に関するスキルとマインドを関連づけるかが、大切なポイントになります。ハイテク化が進めば進むほど、それを管理する人間の問題がクローズアップされてきます。生産部門の基礎である5S（整理、整頓、清掃、清潔、躾）のプログラムも大切で、5S運動を展開している企業は多いのですが、定着している企業は意外と少ないのです。

1）生産部門研修の例
　〈図表089〉は、5Sの考え方と進め方を理解した上で事例研究を用

いてポイントを確認し、自職場での展開を具体化する実践的な研修プログラムの例です。

〈図表089〉 5S研修プログラム事例

		1日間
午前		1. 「5S」の目的と活用効果を理解する
		2. 「5S」の意味とその全体像
		3. 整理、整頓、清掃、清潔、躾のねらい
		4. 整理・整頓・清掃・清潔・躾の進め方
		①モノや道具の整理整頓
		②情報や文書、時間の整理整頓
		③仕事の見える化の取り組み方
		④仕事の上手な計画と手順
		⑤生産性、安全意識、品質の向上
午後		5. 「5S」と職場改善の進め方
		・各職場の状況と問題・課題共有
		・改善点の抽出と改善策の検討
		6. 事例研究とグループ討議
		・モデル職場の改善事例の研究
		・職場改善のポイントと進め方
		7. 「5S」の展開基本ステップと展開計画
		・自職場での展開計画の作成

2) コストダウン研修の例

　〈図表090〉は、コストダウンへの実践活動を習得し、自部門のコストダウン計画作りまで作成する研修のプログラム例です。

〈図表090〉 監督者のコストダウン研修プログラム事例

	1日目	2日目
午前	1. コストダウン ・競争原理、生産管理の目的 2. ムダの理解と排除 ・動作分析、工程分析	5. ムダ取り実行ステップ ・改善スキル 6. 改善活動の留意点
午後	3. ムダの分類、改善のしかた ・改善4原則　演習 4. 改善活動 ・生産性、改善指標	7. 自部門のコストダウン ・コストダウン計画書の作成 ・全体発表

　〈図表091〉は、品質管理の考え方と進め方を習得するもので、品質向上のためのヒューマンエラーや未然防止と再発防止策、自部門の品質向上計画を作成するプログラムです。

〈図表091〉 品質管理研修プログラム事例

	1日目	2日目
午前	1. 品質管理の必要性 ・購買心理 ・消費者志向 2. 品質管理の基本	4. 品質管理手法 ・未然防止、源流管理、なぜなぜ分析
午後	3. 問題解決と再発防止 ・ヒューマンエラーの要因 ・予防管理	5. 自部門の品質向上 ・品質向上計画書作成 ・発表、まとめ

4　研究開発部門教育の計画

1) 研究開発部門の受講対象者は、各人が取り組んでいる分野が高度に専門分化しているため、その分野から離れたものはあまり関心を示さない傾向があります。

2）研修テーマとして共通になるものは、研究意欲を駆り立てる「創造性開発」や研究内容を提示する「プレゼンテーションスキル」「研究のプロジェクト推進マネジメント」などがあります。最近の研究開発部門の傾向としては、従来の慣行にとらわれないコンセプトづくりが重視されており、その意味で創造性に対する関心が強まっています。

3）研究開発に従事している人は論理志向が強く、また好奇心も強いので、商品コンセプトづくりや創造的商品開発などの要素を盛り込んだ研修内容を組み立てることがポイントになります。

4）研究開発部門研修の例

〈図表092〉は商品開発への取り組みとプロジェクトの進め方を習得するための開発中堅リーダー研修プログラムの例です。

〈図表092〉開発中堅リーダー研修プログラム事例

	1日目	2日目
午前	1．売れる商品開発	4．プロジェクトマネジメントの進め方
午後	2．価値創造の商品技術 3．開発技術者の在り方	5．コミュニケーションとモチベーション

〈図表093〉は開発の考え方、開発の実際の進め方を習得するための開発実践研修プログラムの例です。

〈図表093〉 開発実践研修プログラム事例

	1日目	2日目・3日目	4日目
午前・午後	1．商品コンセプト創造	2．開発の夢 3．開発ビジョンづくり 4．商品コンセプト	5．商品コンセプトの評価

第3節 課題別（目的別）教育計画の作成

1 課題別教育全般について

　企業間競争は一層厳しく、景気動向、技術革新、雇用情勢など経営戦略を決定する諸要因は常に変化しており、環境に適応した企業対応が要求されています。

▶（1）課題別教育の考え方

①経営重点課題の解決策を明確にし、当面と将来の2つの視点から、社員の能力開発や組織の体質強化、事業要員育成など個別の重点課題に対応した研修が必要です。重点課題解決を目的とした教育が実施される理由は、各企業の置かれている現状に基づいて、具体的に経営目標を達成することが期待できるからです。

②課題別教育のテーマ例としては、最近の傾向であるコンプライアンス研修、キャリア開発研修、ビジネスリーダー研修や、経営として新たに導入した管理手法の研修（新目標管理研修やストレスチェック後の職場改善研修）などが考えられます。これらを教育体系の中の課題別教育に区分するかどうかは、会社の考え方によって分類して進めるとよいでしょう。

▶（2）課題別教育の方向

　課題別教育に取り組む留意点としては、研修ニーズを調査分析により明確に整理して、自社の実態に沿った課題別教育を設計することが望ましいでしょう。

①経営課題解決と連動したテーマは、経営者層の理解のもとに、全社的

199

な意識づけと巻き込みを図って取り組むことが求められます。

②課題解決のために実態を十分に整理して、会社としての考え方や取り組み方、研修内容の組み立てを行うことが大事です。

③課題となる関係者や参加者に対してのニーズ把握を行い、研修の提案を行って実践するとよいでしょう。課題別教育は、企画内容と取り組み方が成功のカギを握っているといえます。

2 課題別の研修に反映させたい４つの視点

▶(1)コンプライアンス経営の理念を浸透させる

コンプライアンス経営の実現に向けた取り組みの一環として、研修が行われるケースが増加しています。粉飾決算の露呈やデータ改ざんなどの偽装事件が多発する企業不祥事への危機感が背景にあるためでしょう。企業の信頼を失い、存続自体を揺るがしていることへの危機感から、自社内での社員への意識付けをねらいとして実施されます。

〈図表094〉は、コンプライアンスの重要性と意義、概念を理解し、コンプライアンス違反の未然防止や企業不祥事のリスク低減の仕方、職場におけるコンプライアンス意識と行動について考える研修プログラムの例です。

〈図表094〉 コンプライアンス研修プログラム事例

2時間
1．コンプライアンスとは何か
・コンプライアンスと法令順守
・企業の不祥事事例
・当社の法令順守と企業倫理に関する指針
2．業務上注意すべきコンプライアンスのポイント
・業務に関わる各種業法の理解
・個人情報・セキュリティ対策
・ハラスメントの防止と人権
・社員の個人的不祥事　SNSの落とし穴
3．コンプライアンス違反を起こさないために
・リスクの考え方
・トラブルの未然防止
・職場から不祥事を発生させないために
・コンプライアンスに関する相談・通報

▶（2）チャレンジ人材、創造的人材を育成する

1）経営業績の維持向上という目標に対し、売り上げの停滞、人件費・材料費・設備投資の増大などが存在します。このような状況に対応するためには、全社的に明確な目標を設定し、それに基づいて各部門、部署、個人が具体的な目標達成に向けて取り組む展開が必要です。

2）各階層に方針、目標を浸透させ、それを達成させるために必要な創造性開発や問題解決能力を全社員に習得させることが必要です。

3）　課題解決研修の例

　　〈図表095〉は、中堅リーダーに必要な課題設定と問題解決力を習得することをねらいとし、課題の発見、課題解決策の作成、課題実現の進め方まで具体化していく研修プログラムの例です。

〈図表095〉 課題解決研修プログラム事例

	1日目	2日目	3日目
午前	オリエンテーション 1．中堅リーダーの 　立場と期待役割 　(1)経営環境の変化 　　と当社の現状 　(2)中堅リーダーに 　　期待される役割 　　と責任	3．創造性と発想技 　法 　(1)ブレインストー 　　ミング 　(2)アイデアの収束 　　と評価 　(3)具体策と実行可 　　能性の検証	4．課題実現 　(1)自分自身の影響 　　力 　(2)上司の説得 5．効果的な提案の 　仕方 　・プレゼンテーシ 　　ョンの仕方 　・提案準備
午後	2．私の課題構築 　(1)課題を見る目 　(2)課題達成へのプ 　　ロセス 　(3)課題の発見 　・課題発見シート 　　によるワーク	(4)課題解決の実行 　計画作成 　・実行計画のポイ 　　ント 　・計画技法の使い 　　方 　・計画シートによ 　　る検討	6．明日への飛躍 　(1)発表 　(2)自己成長に向け 　　て まとめ 　・自己革新に向け 　　て

▶（3）目標管理、展開力を向上する

1）企業の体質を目標指向にするためには、業績、能力、体質改革などの各側面から目標を設定し、企業の業績と個人の人間成長を図ることが求められます。研修を通じて、目標設定・展開技術の向上を図ることが必要です。

2）管理・監督者層、一般社員層の各層に対して、具体的な目標活動や問題解決力の向上を図ります。研修内容としては、目標の設定と具体的行動、目標遂行のための部下指導法、目標と評価の考え方とスキルの習得などがあります。

3）目標管理研修の例

〈図表096〉は、管理者の目標管理の進め方、面接の仕方の向上を図ることを目的としています。また、会社目標に基づく目標連鎖の仕方を自己目標から部下の目標に展開させる進め方を具体化する研修プログラムの例です。

〈図表096〉 目標管理研修プログラム事例

	1日目	2日目
午前	1．これからのマネジメント 2．目標管理の目的と意義 3．目標管理における管理者の役割とPDS	5．部下への目標設定指導 ・目標の連鎖とは ・目標設定の指導法
午後	4．目標設定のステップと設定シートの作成 ・目標設定のステップ ・目標設定シートの作成 ・目標設定シートへの記入	6．目標設定面接の進め方 ・目標設定面接の目的 ・面接の進め方ステップ ・演習：面接のロールプレイング 7．目標管理の成功ポイントとは

▶（4）OJT推進への対応を強化する

1）社員の能力開発は、個人の能力に合わせて取り組むOJT（職場内教育）が基本です。しかし、OJT活動の現状をみるとOJTというかけ声が先行し、実際の取り組みは不十分な場合が多いようです。そのためにも、管理・監督者の役割として部下の指導育成への取り組みが期待されています。

2）OJTが定着しない要因としては、管理・監督者がOJTの必要性を十分認識していない、OJTの指導内容・方法が弱いなどが挙げられます。管理・監督者層に対するOJT実践力向上の教育や、OJT推進のための制度化などに取り組むことが重要です。

3）部下育成や指導の教育内容を、階層別教育の管理職や監督職向け研修の中に組み入れて実施しているケースもよく見られます。現場で

人を育てることが社員育成の基本であり最も重要であることを考えると、OJTを推進する研修の充実・強化が必要です。マンツーマン制度（ブラザー制度など）を導入し、その指導者に対する指導育成研修を計画して、指導の仕方、コミュニケーションの取り方、動機づけの仕方などを習得させると効果的です。

4）マンツーマン指導者研修の例

〈図表097〉は、マンツーマンによる部下・後輩育成への取り組み方、OJTの具体的進め方の習得をねらいとしています。OJTの進め方、OJTの指導方法を、演習を通じて体験し、研修の中で部下・後輩別育成計画を作成するまでを実施する研修プログラムの例です。

〈図表097〉 マンツーマン指導員研修プログラム事例

	1日間
午前	オリエンテーション 1．当社における人材育成の目的と必要性の理解 2．OJT担当者（OJTリーダー）の役割と心構え 3．育成ニーズの把握の仕方 　・部下・後輩の仕事能力の現状確認
午後	4．効果的な指導手順と進め方 　・指導の機会と方法 　・指導の進め方と手順 5．効果的な教え方と指導の方法 　・知識・技術・態度における指導方法 　・叱る・褒める・指示・ホウレンソウの演習 　・不平不満への対処法の演習 6．育成プランの作り方 　・育成プラン作成演習 7．指導面談の仕方とフォロー、チェック 　・面談の進め方と指導 　・面談の演習

<table>
<tr><td>第4節</td><td># フォローアップ教育の
考え方と取り組み方</td></tr>
</table>

1 フォローアップ教育の目的

1）フォローアップ教育の第1の目的は、研修で得られた成果が、その後職場でどのように実践されているかを振り返ることです。（研修成果の確認）

　第2の目的は、研修で学んだ内容をもう一度振り返り、内容を補足、あるいは掘り下げることにより、理解の確認、あるいは重要ポイントを反復学習するといったことが挙げられます。（習慣化）

2）フォローアップ教育の方法としては、セルフチェックによる自己点検や講義による補足があります。最初に研修で取り上げたテーマの範囲内で実施することを優先させて行い、研修で学んだことを補完すると効果的です。

3）さらにフォローアップ研修の第3の目的は、見直しを行う機会として捉えることにあり、フォローアップを検討する際には、その位置づけを確認して、それにしたがってより効果的な進め方を考えていかなければなりません。（研修のブラッシュアップ）

〈図表098〉 フォローアップ教育の関連図

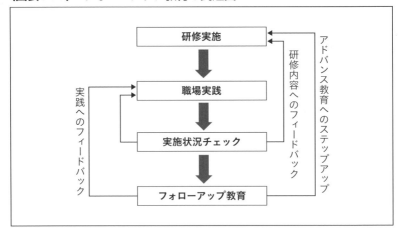

4）研修とフォローアップとの関連は、研修結果を職場で活かしているか否かをチェックし、行動化に結びつけるとともに、フォローアップ教育によって強化する流れで進めると研修効果が高まります。

2 フォローアップ教育の基本的進め方

1）フォローアップ教育を行う場合、大前提として実施研修の目的や内容、期待する成果を明確にすることが必要です。これによってフォローアップ教育の必要性の有無や進め方が決まります。
2）研修を単発で終わらせず、基本研修の計画時点からフォローアップ教育を盛り込む研修をシステマティックにとらえ、全体で効果を上げるという取り組みが大切です。新入社員教育などは、フォローアップ教育も研修の計画段階で盛り込んでおくとよいでしょう。
3）フォローアップ内容と進め方を決めるためには、最初に目的を明確にし、その後で教育内容と進め方を決めるという取り組みを行うことが求められます。常に目的に対し、何が有効かという視点から発想するようにします。

〈図表099〉 フォローアップ研修の進め方

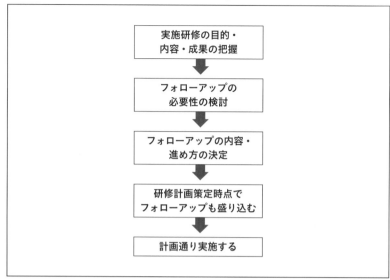

3 フォローアップ教育の方法

フォローアップ教育の方法は、人員や予算、実施のタイミングなどさまざまな要因で決まりますが、大別すると以下のようになります。

①挑戦目標の作成と実行

研修修了後に、各自に今後の挑戦目標を作成させ、職場で取り組むことによって研修成果を持続させます。上司、先輩などを巻き込んで、アドバイスをしてもらう方法が望ましいでしょう。

②受講者による報告書の提出

研修成果について、レポートや報告書などを提出させるやり方です。フィードバックの仕方や報告書のフォーマットの書きやすさなどの工夫が大切になります。

③職場での発表会

研修成果を職場ごとに発表します。上司、先輩、同僚などと一緒に成果を確認し、評価やフィードバックを受けると効果的です。

④上司との面談

定期的に上司が受講者と面談し、成果を確認するとともに、指導・ア
ドバイスを受ける機会とします。
⑤教育担当者の職場巡回
　教育担当者が職場を訪問し、受講者や上司と話し合い、成果を確認す
るとともに、フォローアップの必要性、内容を把握して次の研修の企
画を検討します。

〈図表100〉　フォローアップの方法一覧

方法	長所	短所	運用の際の留意点
フォローアップ研修を実施する	・教育成果を直接確かめることができる	・日時、費用の制約がある	・教育の目的に沿って前回教育との関連を踏まえ、実施する
報告書を提出させる	・手軽に実施できる ・個別に対応できる	・教育成果の個人差に対応しなければならず手間がかかる	・報告書の項目には教育の理解できた点、できなかった点、感想を設ける
挑戦目標を作成させる	・個人別に作成するので個人差に応じて対応できる	・他者の協力が必要となる（上司、教育課など）	・目標、目標を達成する方法、スケジュールを作成させる ・直属上司が挑戦目標達成に向けて援助する仕組みを作る

職場巡回	・職場で教育成果がどのように生かされているか直接確かめ、指導することができる	・手間と時間がかかる	・仕事を見て回る、個人個人の質問に答える時間を設定するなど、現場の協力は事前にとりつけておく

4 フォローアップ研修の具体例

新入社員と新任課長を対象としたフォローアップ研修を紹介します。

▶（1）新入社員フォローアップ研修の事例

新入社員の場合は、職場に配属された後の指導のされ方を把握したり、本人の不安や悩みを解消するというねらいがあります。

1）〈図表101〉の事例では、研修の最初に入社後6ヶ月間を振り返り、その後新入社員研修で学んだことの復習をしています。配属後に仕事で困ったことや失敗例を挙げさせて、それを材料にして仕事に必要な知識を確認しています。

2）新入社員の場合は、配属後に仲間ともう一度会う機会を作ってあげるだけでも意義があります。できるだけリラックスした雰囲気で、教育担当者も悩みを聞き励ます方法がよいでしょう。

〈図表101〉 新入社員フォローアップ研修プログラム事例

		1日目	2日目
午前		オリエンテーション 1．入社6ケ月を振り返る 　①自分自身が変わったこと 　②仕事の基本を振り返る 　　・組織の理解 　　・チームワーク 　　・指示の受け方 　　・報告の仕方 　　・連絡の仕方	⑤スピーチ実習 　・6ケ月間を振り返り、今後 　　の対策について検討する 　・グループ内発表とコメン 　　ト・アドバイス 　・全体発表と討議 3．仕事の取り組み方と意識 　・目標意識 　・品質意識 　・納期意識 　・コスト意識 　・改善意識
午後		2．仕事で困ったこと、失敗した 　こと 　①6ケ月間の振り返り 　②原因追及 　③今後の対策と心構え 　④発表資料の作成	午前のつづき 4．自己革新に取り組む 　・考え方と進み方 　・行動計画の作成 　・決意表明の発表

▶（2）OJT担当者フォローアップ研修の事例

　OJT実践の取り組みを振り返り、成功と失敗の体験などを指導者で共有します。また、実践の問題や課題を共有し今後の取り組みの対応策を検討します。

〈図表102〉OJT担当者フォローアップ研修プログラム事例

	1日間
午前	オリエンテーション 1. 半年間のOJTの取り組みを振り返る 　〜うまくいったことやいかなかったことを共有する 　〜グループで話し合った後、全体発表し全員で共有する 2. 新入社員の悩みに応える 　〜新入社員が入社半年経過の頃に抱きがちな悩みを考える
午後	3. どのように対応すべきかを検討する 　〜対象者の悩みや、上手くいかなかったことへの対応を考える 　〜(1)(2)の失敗や悩みへの対応策をグループ討議し全員で共有する 4. 対応策の実習〈ロールプレイング〉 　〜共通する問題や課題の対応策を、ロールプレイで練習する 5. OJT担当としての自己課題を設定する 　〜実習を通じて自分自身の対応の仕方の課題を設定する 　〜課題解決の方法と今後の行動計画を作る 6. OJT指導計画書を修正する 　〜導入研修時に作成した計画書の修正 まとめ

▶(3) 新任課長フォローアップ研修の事例

1）〈図表103〉で取り上げた研修事例は1日間の研修例です。前半は研修で作成した「自己挑戦目標」（アクションプラン）の進捗を振り返り、後半は研修の補完という位置づけで、「部下育成とコミュニケーション」のテーマを取り上げ、職場で実践できる仕組みを作成します。

2）このフォローアップ研修のねらいは、マネジメント活動への取り組みの現状に気づかせ、部下育成に対しての管理者への期待と役割への認識を持たせる点にあります。

〈図表103〉 新任課長フォローアップ研修プログラム事例

	1日間
午前	★オリエンテーション
	1．前回研修の振り返り
	2．アクションプランの振り返り
	(1)達成状況の確認
午後	(2)修正プラン作成
	3．部下育成とコミュニケーション
	(1)コミュニケーションの現状分析
	(2)部下育成の考え方と方法
	(3)職場で育成する仕組みづくり
	★まとめ

研修プログラムの設計

第**5**節

① 研修プログラムの作成

　さまざまな階層別教育や職種別・課題別教育の研修プログラム例を紹介してきました。研修プログラムは、大別すると2つのタイプに分けられます。1つはMTPやTWIなどの定型訓練プログラムです。特徴はカリキュラムや教材、研修の進め方が標準化されていて、トレーナー認定を受けた講師が研修やセミナーの講師を務めるものです。欧米の研修プログラムに多く見られます。もう1つは定型のプログラムではなく、実施する企業の状況に合わせてカスタマイズしたものです。社内外の講師がニーズに応じて作るもので、企業で行われる研修プログラムの多くは、後者のカスタマイズプログラムです。

　最近では研修の内製化が進み、人事・教育担当者や社員の講師が研修プログラムを作って実施するケースが増えています。

　自社の研修ニーズや育成課題を熟知している人事・教育担当者としては、講師に任せきりにせず、プログラム設計の基本知識を持って教育の目的を達成するため、講師と共にプログラムを設計することが大切です。

　プログラム設計は対象となる研修の「教育体系内容」と「年度教育計画」に基づいて作ります。研修の「目的・ねらい・背景」「期待する成果（知識・技術の習得や行動変容）」や、「対象者」「人数」「実施時期」「場所」「費用」などの諸条件・仕様（スペック）を踏まえて作成します。

▶（1）研修プログラム作成の進め方

　プログラムは、学習カリキュラムや教材開発に関する理論を活用して設計します。また、成人の学習特性を踏まえて、受講者の研修への参画

意欲や学習への動機づけを高めるためのモデルも研究されているので、活用したいものです。効果的な研修プログラムや教材制作の上で、欠かせない原理・原則を活用すれば、魅力的で効果的な研修プログラムを設計することができます。本節では、プログラム設計の基本的な考え方とセオリーについて解説します。

　研修プログラムは教育体系内容（第2章第3節）、および年度教育計画書に記載されている研修スペック（研修の目的やねらい、研修項目、日数・時間、対象者など）を踏まえて設計します。教育体系内容が作られていない場合は、教育調査で得られた情報や、「資格等級別（職種別）能力一覧表」「職能要件書」などを参考にしながら、経営からの期待や現場の育成ニーズなども加味して、研修の「目的」や「ねらい」「期待する成果」を明確にしておくことが重要です。

▶（2）インストラクショナル・デザイン（ID）とは

　プログラム設計に当たっては、効果的な学習プログラムや教材作りに関する設計理論であるインストラクショナル・デザイン（ID：高品質の教材を効率的に設計する方法論）の考え方を活用して作成します。

　研修に期待されているのは、受講者が研修の目的やねらいをよく理解し、意欲的に参画して、研修で習得した知識・スキル・態度・意欲など学んだことを職場へ持ち帰り、仕事に活かして成果を上げることや、考え方や行動が良い方向に変化することです（学習による行動変容）。

　このような効果的な研修を行うための教材作成やプログラム設計の考え方がIDと呼ばれる理論です。IDは直訳すると「教材設計」となります。「高品質で高い学習効果を実現する教材の作成」を可能にする考え方・方法論で、IDを活用することにより教育効果の高い研修プログラムや教材を開発することができます。

▶（3）ADDIEモデルを活用したプログラム作成手順の概要

　「ADDIE」モデル（アディーモデル）は、第1章第2節で紹介しました。IDのプロセスに関する理論で、「分析」「設計」「開発」「実施」「評

価」の頭文字を取った教材設計の理論です。

　ADDIEモデルは、効果的な研修プログラムや教材設計のプロセスとして、「現状把握と調査（分析）→研修スペック・対象者の確認（設計）→プログラム設計（開発）→実施→評価」の5ステップを回して進めることが必要であるという考え方です。その上で、「分析」「設計」「開発」「実施」の各プロセスを「評価」し、各プロセスの改善・見直しを図り次回に活かそうとするものです。このサイクルを回すことによって、より効果的な教材や研修プログラム設計が可能になります。以下に研修プログラムの作成をADDIEモデルに沿って、各プロセスの作業について解説します。

〈図表104〉　ADDIEモデル（再掲）

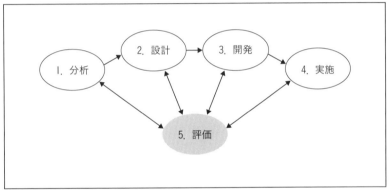

※〈図表104〉は〈図表010〉と同じものです。

〈図表105〉 研修プログラムの作成手順

Ⅰ.「分析」 ↓ 現状確認 と準備	研修の目的とねらい、対象者を確認する（基本スペックの確認） ・研修のテーマと目的、内容について確認する。 ・教育体系内容から、研修スペック（時間など前提条件）を確認する。 ・「誰」に「何」を「どこまで」教えるのか明確にする（学習目標の設定：目標行動・評価条件・合格基準を設定する）。 ・対象者の能力の現状と育成ニーズを把握する（教育調査で実施済み）。 ・自己啓発、Off-JT、OJTの3本柱が体系に盛り込まれているか。 ・キャリア形成を踏まえた育成、開発、活用が盛り込まれているか。 ・社員にとってわかりやすい体系となっているか。

「分析」（現状を確認・把握するために教育調査・分析を行う）

①「現状把握」：研修に必要な情報を集め、現状の把握、何を、誰に、何のために、どこまで教えるのか、何を期待されているのかなどの情報を経営幹部や現場の管理者からヒアリングします。

②「研修ニーズの把握」：ヒアリングによる情報を踏まえて、「何のための研修か」「どんな目的で行うのか」を明確にします（ゴールの設定）。あれもこれもと盛り込み過ぎたり、必要な内容が不足していたり、あいまいな内容になってしまったりすることのないように教育必要点を明確にします。「何を学ぶのか」「期待される行動は何か」「研修後どうなって欲しいか」という学習目標を明確にします。

③「対象者の把握」：受講対象者の現在の能力レベルを把握します。現有能力のレベルと期待される能力レベルのギャップを明確にします。今までにどのような教育を受けてきたかなども把握しておきます。対象者に適した研修を実施することで、満足度や理解度が高まります。

④「研修スペックの確認」：実施日数（宿泊か通い、時間数など）や、研修場所・費用などの確認を行います。

↓

2.「設計」 3.「開発」 ↓ 研修 プログラム の設計 教材開発	「何を用いて」「どのように進めるか」を構想・設計する。 ・「研修設計仕様書」を用いて、研修コンセプトをまとめる。 ・対象者の役割と能力体系を踏まえ、学習項目を抽出する。 ・抽出した項目を組み立て、配列の原則に従ってしたがって進行順を決める。 ・研修項目ごとに、効果的な研修技法を選択する。 ・技法は知識習得の研修、技能・技術の研修、態度・行動変容の研修、問題解決や創造性の研修などによって適した研修技法を選択する。 ・個人研究→グループ研究→全体研究の時間配分を検討する。 ・研修全体の進め方や講師・教材を決定する。
「設計」（プログラムの構想・設計） ・これまでの情報を踏まえてプログラムを設計します。 ・プログラムに基づいて、教材を作ります。既存の教材を活用したり、新たに作成したものを統合したりして、受講生の学習理解が進むよう工夫します。	

4.「実施」 研修の 実施	研修の実施 ・評価項目に適した調査方法を実施する。 ・アンケート調査、事前・事後テストなどを実施する。 ・事後課題の提示、行動計画書の作成・報告の測定を行う。

5.「評価」 測定と 改善	研修の効果測定・評価・フィードバック ・研修の効果を測定し評価を行って改善する。 ・アンケートや受講者の上司面接などを行い効果を確認する。 ・研修全体を総合的に評価し、次回に向けて改善する。 ・測定結果を踏まえて研修評価を行い改善する。

「実施」「評価」

研修を実施した後に、アンケートやヒアリングなどの情報をもとに効果を測定し、研修全体のプロセスを評価します。次回の実施に向けた改善点を抽出します。

2 研修プログラムの作成手順とポイント

▶（1）研修の「目的」「ねらい」「内容」などの基本スペックを明確にする

研修プログラムの設計手順と進め方を解説します。研修プログラムは、研修目的を実現するために作られます。したがってまず研修の目的やねらい、ゴール（成果）を定めて、研修プログラムを設計します。

以下にプログラム設計の2つのステップ（分析）解説します。

■手順1．研修ニーズの「分析」とコンセプト作成

教育調査でまとめた「期待する役割と能力」などの情報から、実施する研修の目的・ねらい・ゴール（成果）・評価項目を決めます。すでに「教育体系内容」に記載されていますので、再確認しましょう。

教育体系内容が作成されていない場合に活用すると便利なツールとして「研修コース設計仕様書」があります。（〈図表106〉を参照）

研修を設計するための仕様書です。目的は研修のコンセプトを決めること、ニーズを確認すること、研修のゴールを設定することです。研修の目的（ニーズ）とねらい、期待される成果（ゴール）を定め、研修のコンセプトを決めるためのツールです。上段と下段に分かれていて、上段の表の8つのマスに情報を書き入れ、研修のコンセプトを導き出します。下段は、そのコンセプトをもとに研修のゴール（成果）を導く仕様となっています。

研修を企画する際に必要な情報が、一目でわかる表となります。

218

〈図表106〉 研修設計仕様書の例

1. 研修テーマ：支店長のための戦略思考・マーケティング
2. 実施部門：人事部教育グループ
3. 研修コンセプト

①当社の市場環境特性 ・当社主力製品は、すでに成熟市場 ・シェア○○％を占める競合メーカーとの売場争奪戦	②当社のビジョン・方針 ・顧客の付加価値向上と提供 ・チャレンジ・イノベーション	③トップや上司の期待 ・市場創造へのパラダイム転換を図るための戦略思考力の習得 ・経営者視点の必要性
④対象者の役割・期待 ・部門経営者としての視点で事業の革祈を図る	研修のコンセプト ・支店長に求められる戦略思考、マーケティング思考を自社の生データを活用して強化する ・市場でマーケットリーダーとなるための発想転換を図る	⑤問題意識・課題認識 ・当事者意識と課題認識力が弱い ・戦略的思考力に乏しい
⑥対象者の教育履歴 研修上の制約 ・営業教育・マーケティング教育の基本的知識を習得している	⑦研修スペック ・2日間合宿型の集合研修 ・7～8月 ・○○社長の特別講義を予定	⑧教育体系における位置づけ ・支店長昇格者研修のフォローアップ教育

4. 研修の目的
戦略思考やマーケティング思考を活用して市場でのリーダーとして実践活動を担える戦略思考力の習得する。

5. 研修のゴール
経営者の視点から、市場競争に勝つための戦略思考力・マーケティング思考力を習得し活用する。

6. 設計上の留意点
市場販売データを活用し、競合会社から実践的戦略構想と、支店長としての視座を高める。

〈図表107〉 研修設計仕様書の８つの窓情報

3．研修コンセプトの中で、８つのマスの記入内容は以下の定義に沿って記入します。中央にある最後の９つ目のマスに研修コンセプトを記入します。

必要な情報	定　　義	収集方法
①当社の市場環境特性	事業展開している中で、戦略的に意味を持つ特徴的な事実やその業界特有の商習慣、習わしなど	・専門雑誌やインターネット ・社内のナレッジマネジメントや見識〈今後の課題〉
②ビジョン・方針	当社の経営理念や行動指針、長期ビジョン、中期経営計画、年度の方針や重点課題など会社の方向性を示すもの	・ホームページ ・「社是社訓」「行動規範」 ・社内報やトップメッセージ
③トップや上司の期待	トップや上司が参加者層や組織、部門などに期待する行動、検討して欲しい課題、考えてもらいたいテーマなど	・トップや上司からのヒアリング
④対象者の役割・期待	人事制度上や部門機能、一般的な対象階層が果たすべき機能や役割などを具体的行動レベルで表現されたもの	・人事制度関係資料 ・上司からのヒアリング
⑤問題意識・課題認識	自身が感じている組織上の課題、対象階層が解決すべき課題、対象階層が身につけなければならない知識やスキルなど	・教育体系図や職能要件書
⑥対象者の研修履歴	対象層の過去の研修受講履歴やその内容、習得した知識やスキルなど	・教育体系図 ・教育履歴
⑦研修スペック	予算的制約、日程的制約、研修会場の物理的制約、参加者数、他の研修との関係で使用できるツールの制限など	
⑧教育体系における位置づけ	今回の研修の研修体系での位慣づけおよび対象者層が受けるべき研修との関係性	・予想される課題の掲示への反応

220

〈図表108〉 研修設計計画書の例

人事部教育グループ「教育体系の作り方・見直し方」研修計画書

研修テーマ		教育体系の構築・改定の進め方～調査立案研修
学習目標		1. 企業内教育に関する基本知識を体系的に理解する 2. 企業内教育企画担当者の役割、業務内容を理解する 3. 企業における人材育成の取り組みや教育体系の考え方を理解する 4. 教育体系の作り方や見直し方の手順、進め方について学ぶ 5. 教育担当者、および部門企画担当者が、教育計画の企画・立案できる基本知識とスキルを学ぶ
研修項目		1. 企業内教育の基本～人材育成の考え方・進め方、教育担当者の役割 2. 教育体系の見直し立案（ニーズ把握）手順、進め方、調査の方法とまとめ方 3. 教育体系構築の作成　期待人材像、フレーム作成 4. 教育体系の詳細設計　階層別教育計画、職能別、課題別計画立案 5. 人材育成施策の具体化
講　師		海瀬　章　　国際経営研究所　主任研究員、厚生労働省ビジネスキャリア委員会（人事教育分野担当）、教育アドバイザー
対象者		人事部教育担当（3名）、各支店総務担当者（5名）計8名
日　　程		第1回201×年―月―日（―）、第2回　―月―日（―）、第3回―月―日（―）、第4回―月―日（―）、第5回―月―日（―）　全5回各回　15：00～17：30
場　　所		本社ビル3階301研修室　（全5回）
進め方		講義、質疑応答、事例研究、討議、理解度確認テストを織り交ぜて進める
事前課題		毎回、教育研修に関する簡単なテストを実施
準備備品など	当社準備物	ホワイトボード：1台、ホワイトマーカーペン：黒・赤・青を適宜、教材（ハンドアウト、参考資料）、『人材開発部』JMAM刊人数分
	講師準備物	教材（ハンドアウト、参考資料、演習フォーム、事前課題）原稿 ※教材は講師が作成し、当日人数分持参 　「事前課題テスト」シートは、各回1週間前に提出

〈図表109〉 プログラムとスケジュール例

「教育体系の作り方・見直し方」研修プログラム＆スケジュール

一月一日（一）	第１回「教育体系の作り方・見直し方」〜企業内教育の基本
15：00 〜 17：30	企業内教育の基本 　①全体オリエンテーション 　②企業内教育の変遷と動向 　③企業内教育担当者の役割と必要な能力 　④企業内教育についての理解度確認 　⑤人材育成の考え方、進め方
一月一日（一）	第２回「教育体系の作り方・見直し方」〜教育体系の見直し
15：00 〜 17：30	教育体系の見直し立案 ①教育体系とは ②教育体系の見直し立案の手順と進め方 ③調査の方法とまとめ方
一月一日（一）	第３回「教育体系の作り方・見直し方」〜教育体系構想の作成
15：00 〜 17：30	教育体系構想の作成 ①人材育成方針の作成 ②期待人材像の作成 ③教育体系のフレーム作成
一月一日（一）	第４回「教育体系の作り方・見直し方」〜教育体系の詳細設計
15：00 〜 17：30	教育体系の詳細設計 ①階層別教育計画の作成 ②職能別教育計画の作成 ③課題別教育計画の作成
一月一日（一）	第５回「教育体系の作り方・見直し方」〜人材育成諸施策の具体化
15：00 〜 17：30	人材育成諸施策の具体化 ①OJT諸施策　　②自己啓発促進の諸施策 ③人材育成に関する諸制度の立案

■手順２．設計・開発〜研修プログラムを組み立てる〜

１）はじめに全体フレームを検討します。プログラムの構成をどのようなものにするかを決めます。

２）基本的には、「オープニング（導入部分）」で始まり、メインの主要部分・本論に入ります。主要部分では複数のカリキュラムを経て「クロージング（結論）」で締めくくります。研修の「導入部分」「主要部分」「クロージング」の３部構成が基本となります。

〈図表110〉 プログラムの構成イメージ

時間	プログラム構成
00：00	１．オープニング・導入（オリエンテーションなど）
〜	２．主要部分
00：00	３．クロージング・終了

　　なかでも、導入部分の良し悪しは、研修全体の満足度や理解度、受講者のモチベーション、成果に影響するためとても重要です。導入部分は、受講者に対して、これから受ける研修がいかに大切な内容かを理解させ、受講意欲を動機づけるために果たす役割が大きいからです。

　　開始オリエンテーションに続いて、会社のトップや経営幹部の特別講義などを組み入れるケースも多く行われます。研修実施の背景や意義、自社の置かれた経営環境と今の経営状況などを説明し、研修に参加する受講者への期待のメッセージを伝えることにより、受講者の研修への参画意欲が高まります。このような前段を踏まえて研修の本論に入ることで、一層研修成果が高まります。

３）次に、主要部分のプログラム構成について検討します。

　　研修で取り上げる内容は、手順１で抽出した研修項目です。「教育体系内容」から、研修項目を抽出して決めたものです。

研修項目の配列の仕方は、基本的に「総論から各論へ」「基礎から応用へ」「簡易から高度へ」の順序で配列すると理解しやすくなります。以下に配列のパターンを例示しましたので、参考にしてください。留意点としては、受講者が理解しやすい配列をするためにも、奇をてらわずオーソドックスな配列を心がけて下さい。策に溺れてはなりません。

4) 1回の研修に取り上げる項目は、多過ぎず、少な過ぎず、1日間で3〜4項目程度が筆者の経験では適切な項目数です。社内の講師が研修プログラムを作る場合、往々にしてあれもこれも教えたいと、学習項目を詰め込んでしまうケースが見られます。受講者は覚えるのに一杯になり、何が重要か、自己の思考や内省を促すことが希薄になりがちとなります。

主要部分（本論）の展開例について、いくつかのパターンを見てみましょう。

〈図表111〉「総論・概論から、各論に展開する」

この構成は一般的によく見られるオーソドックスな配列です。

時間	プログラム構成
00：00	1．オープニング・導入（オリエンテーションなど）
	2．主要部分
	2-1　総論・概論
〜	2-2　各論①
	2-3　各論②
	2-3　各論③
00：00	3．クロージング・終了

〈図表112〉「総論・概論から、各論に展開する」のプログラム例

時間	事　例
09：30	1．オリエンテーション〜　研修の主旨・内容と進め方
〜	2．営業職への期待と役割
	3．マーケティングの考え方・全体像
	①市場戦略の考え方と取り組み方
	②戦略の考え方とと取り組み方
	③5P戦略の具体的取り組み方、課題研究
17：30	4．まとめ　　研修のふり返りとまとめ

〈図表113〉「大項目から中項目、中項目から小項目へ展開する」

この構成もよく見られるオーソドックスな配列です。書籍の目次の配列です。

時間	プログラム構成
00：00	1．オープニング・導入（オリエンテーションなど）
〜	2．主要部分
	2-1　大項目
	2-1-1　中項目①
	2-1-1-1　小項目①
	2-1-1-2　小項目②
	2-1-2　中項目②
00：00	3．クロージング・終了

　全体像を明示して、大きな項目から小さな項目へ各論を展開します。全体像を頭に置いて各項目を学ぶため、受講者の理解がより深まります。

〈図表114〉「大項目から中項目、中項目から小項目へ展開する」のプログラム例

時間	事　例
第1回	1. 開校式　オープニングオリエンテーション 2. 経営戦略の策定 　①ビジョンと戦略、②戦略論、③事業戦略の策定
第2回	3. マーケティングの基本 　①マーケティング戦略の基本、②戦略策定
第3回	4. 財務と計数管理 　①財務の基本、②財務分析、③決算書の見方
第4回	5. 組織・人事戦略 　①人事戦略と組織デザイン、②人材マネジメント 6. 成果発表と報告　終講

〈図表115〉「事例から原理・原則へ展開する」

　種々の事例から原理・原則を導く配列で、受講者の理解度・納得度は高まります。逆の順序もよいです。

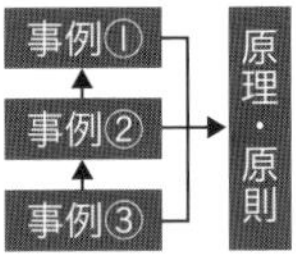

時間	プログラム構成
09：30	1. オープニング・導入（オリエンテーションなど）
〜	2. 主要部分
	2-1　事例①
	2-2　事例②
	2-3　事例③
	2-3　原理・原則
17：30	3. クロージング・終了

〈図表116〉「事例から原理・原則へ展開する」のプログラム例

時間	事　例
09：30	1. オリエン〜研修の主旨・内容と進め方 2. OJTの展開と進め方

	①部下の動機づけ事例研究「ケーススタディ①」
〜	②OJT担当者の悩み「ケーススタディ②」
	③高齢者・若手社員への指導「ケーススタディ③」
	④OJT計画と指導育成の進め方
17：30	3．まとめ　　職場で実践するOJTへの期待

〈図表117〉「基本から応用項目へ展開する」

　　1日間の研修よりは、日程を複数回に分けて研修と研修の合間に職場での実習や取り組みを行う研修に適しています。例えば、1回目に人事考課者基本研修を行い、2回目に応用研修（実務研修）を実施するなどです。

　研修テーマについて、受講者が実際にできるようになるまで、間をおいてステップアップしながら学べる構成です。アクションラーニングはこの応用例です。

〈図表118〉「基本から応用項目へ展開する」のプログラム例

	事　例
第1回	1．人事考課基本研修の目的と進め方 2．人事考課の基本　（当社の人事考課制度の理解、人事評価の目的と進め方、行動項目の選択他）
第2回	1．人事考課実践研修の目的と進め方 2．人事考課の基本の振り返り〜演習テスト 3．ケーススタディと考課演習、フィードバック面談他

〈図表119〉「理論から実践へと展開する」

　このパターンは、上記の基本→実践の構成と同じ考え方です。自動車教習所では、初めに道交法や運転の基礎知識を学び、その後に実技を加えて運転ができるようにプログラムを組み立てています。

〈図表120〉「過去・現在から未来へと展開する」

過去　現在　未来

戦略構想力など、経営の将来を考える研修は、自社のこれまでの歴史や推移を最初に理解し、その後に現状を踏まえての将来ビジョンや戦略構想を練っていく構成です。

▶（2）ARCSモデルを活用してプログラムを設計する

　受講生にとって魅力的な研修を設計するために、参考とすべき理論に「ARCSモデル（アークスモデル）」と「ガニエの9教授事象」があります。これは、受講者の学習意欲を高め、研修に主体的に参画して自ら学び、気づき、職場で活用したくなる研修プログラムを設計するための考え方です。

　ARCSモデルは、プログラム設計の際に考慮するとよい4つの視点を提唱した理論で、動機付けに関する心理学に基づいています。

　下表にある4つの視点から、プログラムを設計することを推奨しています。研修の目的や内容、対象者の特性などに応じて活用して下さい。

〈図表121〉　ARCSモデル（J.M.ケラー）

①注意（Attention アテンション：これは面白そうだ）
・研修内容に関する動機づけを図るイントロダクションを設ける。
・研修内容に無関係なアイスブレイクは避け、興味を引く導入を設ける（具体例やエピソードなどの紹介、質問の投げかけなど）。
②関連性（Relevance レリバンス：やりがいがあるぞ）
・研修のゴールを達成するメリットを訴える。
・研修における自己目標を始めに設定させる。
・研修が自分の業務に、どう活かせるか強調する。
③自信（Confidence コンフィデンス：自分にもできそうだ）
・この研修で何ができたらゴールかを提示する。
・参加者が、現在できることこととできないことは何かを確認させる。
・他人と比較せず、この研修でできるようになったことを確認させる。

④満足感（Satisfaction サティスファクション：やってよかったな）

・応用問題などを解かせて、努力の成果を実感させる。

・努力成果を確かめる確認テストや演習に取り組ませる。

・目標を達成した参加者に、修了証の発行や激励、称賛を与える。

「①注意（アテンション）」の活用として、研修の目的とねらいを受講者に説明する際の例をご紹介します。

講師：「この研修には、すでに皆さんが知っていることも出てきます。例えばPDCAです。そんなの知っているよと思われるでしょう。では、皆さんは日々の業務で、いつも実践されていますか？　知っていることとできることの間には、大きな隔たりがあります。体験してみましょう。これからワークをやります。では皆さん、その場で立っていただけますか。はい、ではこれから私のやる通りにやってみて下さい。まず、私が見本を見せます・・・」

このワークは、1，2，3と掛け声をかけながら右手で四角形を描きます。次に反対の手で、三角形を描きます。今度は両手を同時にかけ声をかけながら、右手で四角を、左手で三角を描くワークです。ほとんどの方は、スムーズに両手同時に図形を描くことができません。頭では理解していても、体は思い描いたようには動きません。このような工夫をすると、受講者の興味を引き、意識を研修へ引き込む効果があります。

▶（3）ガニエの9教授事象でプログラムを設計する

IDでよく活用される教材設計理論に、ガニエの9教授事象があります。教育心理学者のロバート・ガニエが提唱した理論で、人の学習プロセスに最適な指導を行うことで、最大の学習効果を上げることができるとする考え方です。効果的な授業や教材作りの働きかけとして9つの方法を提唱しました。ARCSモデル同様、目的や対象者の特性に応じて研修プロセスに取り入れれば、より効果的な研修プログラム、教材を設計する

ことができます。また、講師のインストラクションスキルとしても大変
参考になる理論です。

　なお、9つの方法は特段目新しい内容ではありませんが、研修設計の
基本理論として大いに活用することをお薦めします。

〈図表122〉　ガニエの9教授事象

No	事　　　象	内　　　容
1	受講者の注意を喚起する	・受講者の意識や注意を引きつける。 ・ARCSモデルの「注意」に該当する内容。
2	受講者に目標を知らせる	・これから行う研修によって得られる知識や 　スキルについて伝える。 ・どのような効果が期待できるのか伝える。
3	前提条件を思い出させる	今日の研修で必要となる過去に学んだ知識や スキルを振り返る。または思い出させること により、学習効果を高める。前回の振り返り を行う。
4	新しい事項を提示する	・今回の研修で学ぶ内容（知識・スキル・情 　報・ルールなど）を伝える。 ・伝える際に、理解しやすいよう図表やイラ 　スト、映像などを活用する。
5	学習の指針を与える	・学んだことを忘れないよう、記憶に定着さ 　せる工夫をする。 ・学習内容を習得するためのヒントを与える。
6	練習の機会をつくる	学んだことを理解しているかどうかを、参加 者に実際にやってもらうことで確認する（ロ ープレなど）。
7	フィードバックを与える	参加者自身がどの程度理解しているか、何を 理解し、何が理解できていないのかを確認す るためにも理解度確認テストなどを行う。
8	学習の成果を評価する	参加者が本当に理解しているのかどうかを、 研修後に確認テストを行う。

| 9 | 保持と転移を高める | ・できるようになるまで反復練習を繰り返し、実務で使いこなせるようにする。
・フォローアップ研修や、復習の機会を設ける。 |

3 教育研修技法

▶（1）教育研修技法の検討

　能力は一般的に「能力＝知識×技能・技術×態度（意欲）」で構成されます。したがって教育の実施に当たっては、知識教育・技術教育・態度（意欲）教育のいずれを中心にねらいを置いた教育にするのかを明確にする必要があります。

　研修項目と配列が決まったら、研修項目や内容に適した研修技法を検討します。各単元は講義と実習をバランスよく併用して行うと、原則やポイントが理解しやすく、学習効果も上がります。講義と演習の比率は、手法の特徴（長所・短所）を踏まえて時間を配分します。

　設計されたプログラムは、教育内容と教育技法を効果的に組み合わせ、具体化することで教育効果を高め、教育目的を達成することになります。

▶（2）教育技法の選択

　教育目的が知識向上や技能・技術向上にねらいがあるのか、あるいは意欲・行動の変革にねらいがあるのかによって、教育の内容と活用する技法を決めていきます。適切な技法を取り入れることで、研修によい変化・起伏が生まれ、参加者の研修への参画意識や学習への集中度が高まります。また気づきを得ることにつながることで教育効果も高まります。能力区分である知識教育、技能・技術教育、態度・意欲教育ごとにその内容を明確にし、有効な教育技法を選択して教育を組み立てます。後述する研修技法を参照に選択してください。

▶（3）教育技法の種類と特徴

　教育技法は、大別すると講義法、討議法、事例研究法、体験学習法、役割演技法、観察法などがあります。教育内容と教育技法の組み合わせの適否を理解し、研修プログラムに使用する技法を組み合わせることが大切です。〈図表124〉「教育技法と能力区分の効果的組み立て」を参考にして、教育目的・内容が「知識教育」なのか「技能・技術教育態度」か、「行動教育」いずれかによって、活用技法を選択して研修効果が高まるよう工夫してください。

　なお、研修技法は多くの種類が開発され、さまざまな研修で活用されています。技法を活用する場合の留意点としては、いたずらに技法に走らず、あくまで研修の目的とねらいを踏まえて、効果が実証されているオーソドックスな技法を選択するとよいでしょう。

〈図表123〉　研修技法の種類と特徴

研修技法の種類	技法の説明と主な種類
討議法	技法の概要 ・討議することにより、課題の解決を図る方法。 ・討議そのものに重点が置かれている。 主な技法 ①定型的討議法　②バズセッション法　③フィッシュボウル法
事例研究法	技法の概要 ・実際の事例や、実例を参考に作成したケースを読み、設問について自身の意見や考え方を参加者や講師とさまざまな視点から討議し、教訓抽出やいろいろな考え方・価値観、解決策の理解を得る学習方式。 主な技法 ①ハーバードケースメソッド法　②インシデントプロセス法 ③インバスケット法

体験学習法	技法の概要 ・野外でのオリエンテーリングやビジネスゲームなど、頭と体を使ってさまざまな課題に取り組むことで、達成感や一体感、気づきを得られる学習法。 主な技法 ①オリエンテーリング　②マネジメントゲーム法　③シミュレーションゲーム
創造性 開発法	技法の概要 ・1人ひとりの創造性を開発する技法で、研究開発や新製品開発、市場開発などの場面で既成概念にとらわれない創造的アイデアを生み出す思考スキルの学習法。 主な技法 ①ブレインストーミング法　②KJ法　③NM法　④6色ハット発想法
組織開発	技法の概要 ・チームビルディングから職場変革まで、さまざまな組織開発手法が生み出され、個人の能力が十分に発揮される組織環境作りや、よりよい職場風土・文化作りの方法。 主な技法 ①職場風土診断法　②チームビルディング法　③ワールドカフェ　④AI

〈図表124〉 教育技法と能力区分の効果的組み立て

◎大変効果あり　○効果あり　△効果ない

能力区分 技法	知識教育	技能・技術教育	態度、行動教育
討議法 （課題研究）	◎	◎	△
討議法 （バズセッション）	○	△	◎
事例研究法 （ケーススタディ）	◎	○	○
体験学習法（野外・ シュミレーション）	△	○	◎
役割演技法 （ロールプレイ）	△	◎	◎
観察法 （チェックリスト）	△	○	○
作業実習法 （操作）	△	◎	△
教訓抽出法	○	△	△
測定法 （テスト）	◎	○	△
組織開発法	△	△	◎

▶（4）研修プログラムの評価・チェック

　プログラムは、受講者・上司への開催案内や実施に向けた準備作業、研修評価などに活用されますので、プログラム作成後は以下の視点からチェックしておきましょう。

〈図表125〉 研修プログラムのチェックリスト

1	研修の目的・ねらいを踏まえたプログラムとなっていますか。
2	何を学ぶのか、何を習得するのか、どこまで学習するのか明確になっていますか。
3	対象者の現状（研修の必要点やレベルなど）に適った内容になっていますか。
4	受講者がプログラムを見て、研修で何をどのように学ぶか理解できますか。
5	習得が期待される知識・スキルは明確に表現されていますか。
6	研修時間とプログラムのバランスは取れていますか。
7	プログラムの構成は、全体から各論へなど、原則に沿っていますか。
8	難解な表現や専門用語を避け、誰にも理解できる表現になっていますか。
9	研修の成果（ゴール）は明確になっていますか。
10	講義と演習、個人研究とグループ研究・全体研究のバランスは適切ですか。
11	研修プログラムの流れは単調にならなないように、研修技法の種類や時間数、講義と討議、演習やワークのバランスがとれていますか。
12	参加人数を踏まえて、研修項目数と使用する技法の時間配分などは適切ですか。

| 第 **6** 節 | # 教育研修の効果測定と評価 |

1 効果測定と評価の取り組み

▶(1) 効果測定の考え方

社内で実施した研修は当初の目的を達成できたのか、ねらい通りに進んだのか、研修費用に対する効果はどうだったのか、改善すべき点は何かなどは研修の関係者にとって大変気にかかることです。

企業は、社員の能力を高め業績向上や目標の達成に資するため、時間と費用をかけて教育を行います。経営者は社員の能力が高まることで、経営目的や事業計画の実現を果たすことに期待をしています。つまり投資対効果に期待しているのです。したがって、教育担当者は実施した教育が「どれだけ成果が出たのか」「どの程度効果的だったのか」を測定し、教育内容や施策について客観的に評価する必要があります。その上で改廃の検討や改善点を明確にし、次回の実施に活かす取り組みが求められているのです。

そのため、教育の効果を測定することで、その教育が当初の実施目的を達成したのかどうか、どの程度実現できたのか、改善すべき点などについて判断することが可能になります。

では、教育効果の測定で大切なポイントは何でしょうか。1つめは実施する教育の目的やねらいが明確であることです。

実施する教育の目的が達成されたかどうかを測定し評価するためには、目的やねらいがあいまいでは何を測定するのか判断できません。例えば、研修終了時のアンケートは多くの企業で使われていますが、その時点での受講者の満足度や理解度は把握できても、職場に戻ってから学んだ知識・スキルの実践度合いについては把握できません。測定時期の工夫な

ども必要となります。

2つめは、コンセプチュアルスキルやヒューマンスキルなどの能力習得は、研修後の長い学習と経験、練習が必要なため、研修終了時のアンケート結果による「満足した」「役に立った」などの回答に一喜一憂することなく、教育目的に対してどのような指標や変化が研修の効果を反映するのかを事前に想定し、それに適した測定方法を用いることがポイントとなります。

3つめは、業績への貢献度や売上・利益、販売数量、新製品開発などの業績成果について、教育研修の効果を客観的に数値で裏付けるのは難しい面があるため、その成果が出る前段階の変化を測定するなどの工夫が必要です。

では、教育研修の「何」を「どのように」測定すべきか、またその結果を踏まえて「どのように評価」すればよいのか考えてみましょう。

▶（2）効果測定の目的

効果測定の目的は、実施した研修の目的やねらいが、どれだけ達成できたのかを測るもので、以下の目的があります。

---

①当初の研修目的、ゴールを達成したかどうかを明らかにする。

②教育の内容や教育手法が、適切であったかどうかを確認する。

③教育の内容や進め方について、今後の改善点を明確にする。

④受講者がどの程度研修内容を理解したかを把握する。

⑤受講者はこの研修で学んだことを、職場で役立てたいと考えているか把握する。

⑥学んだことが職場で活用されているかどうかを確認する。

⑦職場での行動計画を上司にフィードバックし、今後の指導に役立てる。

⑧経営幹部や職場の上司などへ、研修の実施状況と効果を報告する。

米国のウィスコンシン大学のD．カーク・パトリック教授は、効果測定の目的について次の3点を述べています。

---

　①実施した研修を継続するか否かを判断するため。

　②研修目的に合致しているかを把握するため。

　③研修の各プロセスの改善点を把握するため。

▶（3）効果測定のフレーム

　効果測定の目的をしっかり認識した上で、次に「どのような効果を測定したいのか」「測定結果をどのように活用したいのか」を、研修設計の際にあらかじめ考えておくことが大切です。

　この研修は「何の目的で実施するのか？」「どのような背景で、どのような状態にしたいのか？」といった、研修の「目的とねらい」を明確にして、その効果をどのような手法で測定するのかを研修実施前に決めておくことが重要です。

　研修が終わってから、どんな測定方法にするのかを考えるのではなく、研修設計段階で研修目的の効果を測定するのに適した手段を検討し、設計した上で測定することを計画しておきます。

　効果測定の検討の際に役立つのに、先に紹介したD．カーク・パトリック博士の「レベル4フレームワーク」があります。〈図表126〉

　これは効果測定を計画するにあたり、どのような効果を測定対象にするかを検討する際に役立つフレームで、効果測定の対象を4つのレベルに分類したものです。研修プログラムを設計する際に活用すべきフレームです。以下4レベルについて簡単に説明します

　①「レベル1」は参加者の反応や満足度を測定するものです。「研修に満足したかどうか」「仕事に役立ちそうな内容だったかどうか」などの参加者の反応を、「事後アンケート」や職場の上司へのヒア

リングなどを用いて測定します。

②「レベル２」は、学習の成果・到達度を把握するもので、「受講目的の知識やスキルが得られたか」「研修の内容は理解できたか」などを測定します。「事後アンケート」や「理解度テスト」などを用いて測定します。

③「レベル３」は行動変容の度合いを測定するもので、「学んだことが仕事に役立っているか」「職場で実行しているか」などを測定します。研修後に上司や本人へヒアリングしたり、事後報告書や感想文の提出を得るなどして測定します。

④「レベル４」は活動成果として「業績の向上が図られたか」「行動変容による職場の活性化が図られたか」などを、業績指標や実績数値などの変化で測定するものです。

なお、インストラクショナル・デザイン（ID）においては学習者の反応や成果を知るために、次の３項目が測定できるものが望ましいとされています。

・満足度 … 学習後の感想や満足の度合い

・理解度 … 学習目標に対する理解の度合い

・行動の変化 … 学習の結果、得られた行動の変化

〈図表126〉 効果測定レベル４のフレームワークと測定方法

レベル	測定項目	測定内容と方法
Level 4 結果レベル （results）	仕事の成果 業績変化	・プロセスパフォーマンス（職場の業績や成果の向上度）が変化したか ・参加者の行動変容によって得られた、組織貢献度、不良率　販売成果、新製品開発力、クレーム件数の減少、利益率など →測定方法…業績・売上・利益、不良率、特許申請件数など

Level 3 行動レベル (behavior)	行動変容	・学習内容を実行したか ・業務での態度・行動の変化 　（業務での行動変容・活用状況） →測定方法…上司や本人へのインタビュー、アンケートなど
Level 2 学習レベル (learning)	知識とスキルの習得状況・理解度	・知識やスキルの習得状況 　（受講者の知識やスキル習得状態） →測定方法…理解度テスト、事前テストと事後テストの点数変化、実技試験、本人や周囲の方へのインタビューなど
Level I 反応レベル (reaction)	満足度 意欲促進	・研修は面白かったか ・実行計画への取り組み 　（参加者の反応を測定する） →測定方法…受講直後のアンケート、受講後の上司への報告書、職場での取り組み状況の報告書など

　4つのレベルは、上がるにしたがって測定しようとする対象の数値指標や成果への影響度合いにおいて複数の要因が重なるため、教育効果の判断は慎重に行う必要があります。管理者研修を実施した企業で、その年度に増収増益となった場合、その要因を教育の効果だとは一概には言えません。反面、影響はなかったとも言えず教育効果が何％なのか、その度合いを把握するのは現実的に困難です。

　何とも悩ましいところですが、レベル4の業績や指標の測定が困難であることから、その手前の段階で表れやすい行動や意識の変化を捉えて、効果があったとする考え方も近年では取り入れられています。例えば、営業研修を実施したことが、どう売上や利益に影響を与えたかを測定するのは難しいのですが、最終成果が出る前に、先行して現れる指標や変化から促えます。顧客から喜ばれて営業担当者の意識が高まったり、お

客様からの引き合い件数が増加したりなどの変化が現れますが、この変化を研修の効果と捉える考え方です。これはプロセス・パフォーマンスと呼ばれています。

　一般的にはレベル1から3の領域で効果測定を行っている企業が多く、経営者や管理者へ報告した際に、ある程度満足いただければよいと割り切ることも大切です。

❷　効果測定の方法

▶（1）効果測定方法の検討

　効果測定は、教育内容や目的、プログラム・手法に合った測定方法を検討します。

　〈図表127〉は、代表的な測定方法の種類と内容をまとめた表です。また〈図表129〉は、代表的な測定方法と教育内容の組み合せの適否を示した表です。教育内容に対して、どのような測定方法が適切かを決める際に参考になります。

　例えば、知識教育では「理解度テスト」が適しています。態度変容教育では「意識調査」が適していることがわかります。このほか、販売量やコストダウンなどは「定量的変化度」を把握する方法などがよいでしょう。

　また、研修目的が知識向上なのか、技能・技術向上なのか、態度・意識・変革なのかなどによって、事前確認や研修中・研修後の評価の仕方が変わってきます。

〈図表127〉 レベル別効果測定の方法

レベル	方 法	内　　容
レベル1	アンケート	研修終了時のアンケート（受講アンケート）。全体的な印象とセッションごとの客観的な評価を、何にどのように気づいたのかの感想を聞く方法。
レベル2	事前・事後テスト	研修の前に受講者の知識、技術のレベルをテストによって確認。受講後に再度テストを行い、どのくらい向上したかを確認する方法。
	ロールプレイング	研修中に学んだ知識を使って、ロールプレイング（実技演習）を行い、出来不出来を観察する方法。
レベル3	ヒアリング	受講者に対して、研修を受けてどのような気づきや態度の変容があったかを直接聞いていく方法。研修の事前に講師や事務局が「どんな学習目標を持って研修に望むのか、研修に期待していることは何か」などをヒアリングすることも重要。受講者のモチベーションを高めることにもなる。
	職場での活用度の調査	研修終了後、一定期間の後に本人や上司に「研修で学んだ知識やスキルは活用しているか」をインタビューやアンケート、行動計画報告書の提出などで調査する方法。
レベル4	コントロールグループとの比較	受講者群と非受講者群（コントロールグループ）との業績などの差を計測し比較する、業績に影響する要因を何にするかが重要である方法。

〈図表128〉 対象別測定方法

1）受講者に記入させるもの	2）上司に記入させるもの	3）仕事に関する項目でチェックするもの
①アンケート、感想文 ②課題レポート ③理解度テスト ④行動目標の振り返り	①行動目標のチェック ②受講者の観察レポート	①生産、販売実績 ②不良率 ③クレーム率
4）受講者の態度、行動に関する項目でチェックするもの	5）その他	
①欠勤率 ②挨拶のしかた、報告、連絡のしかた ③会議での発言のしかた	①発表会、報告会 ②意識調査 ③担当者と上司との面談 ④受講者からのヒアリング	

〈図表129〉 教育内容と測定方法の組み合わせ

◎非常に適している　○適している　△適していない

		業績		理解度テスト	感想アンケート	論文レポート	発表会報告会	意識調査
		生産実績	クレーム					
Off-JT	知識教育	○	○	◎	△	○	○	△
	態度教育	○	○	△	○	○	○	◎
	技能教育	◎	◎	△	△	△	○	△
OJT		◎	◎	△	○	○	○	○
自己啓発		△	△	△	○	◎	○	○
機会教育		○	○	△	◎	○	○	○
特徴		・業績で評価できるので成果が明確 ・業績に及ぼす諸要因の分析が必要		・その場で効果を把握できる ・行動の効果は測定できない	・個人別の体得度がわかる ・具体的な効果は把握できない	・知識、理解、技能の体得度が具体的に把握できる ・効果測定のための時間がかかる		・多人数の平均的意識を把握できる ・調査分析に手間がかかる

なお、測定技法としては、テスト、面接、観察、実習、業績指標、クレーム数の増減、生産性や不良率などを測定する方法もあります。可能な限り、客観的基準によって測定・評価することが望ましく、1つの方法だけでなく目的に応じた多面的な組み合わせで実施するとよいでしょう。

▶（2）効果測定の実施時期

測定を実施するタイミング・時期は、測定の目的と方法によります。

①「知識の習得」を目的とするのであれば、研修前と研修後に同じ内容の学習確認テストを実施し、点数の向上度を比較します。

②「意識・行動変容」が目的の研修であれば、研修後の一定期間を経た後に上司による観察や本人による実施状況のレポート提出を課すようにします。

③研修全体の評価（研修の満足度や時間配分、講師の評価や理解度、研修会場や食事などの環境について）をするのであれば、研修終了時にアンケートを取ったり、終了後に職場の上司に受講者の変化について聞き取りを行います。

④「業績への効果」を測定するのであれば、業績指標を研修前と研修後に比較して検証するなど、目的に合わせて方法と時期を検討します。

ただし、測定レベル（パトリックの4レベル）が上がるほど、研修以外の要素が複雑に影響し、測定結果と効果の関連性は低くなりますので注意が必要です。

3 アンケート用紙（質問項目）の設計

レベル1やレベル2の満足度や学習効果を測定する場合は、アンケートを用いるのが一般的に多く、効果測定の方法では最も広く使用されている方法です。ここでは、アンケートに盛り込む質問項目をどのように設計するかを解説します。

アンケートは研修終了時に配布し、その場で回答してもらうケースが一般的ですので、回答時間をあまり取らずに負担も少なくて済むよう設計します。なお、時間の有効活用から、研修終了後1週間以内に提出させる企業も増えています。

質問項目の数としては、5～10問程度が適当です。A4サイズ1面に収まるように設計します。どうしても項目数や記述式の設問が多くなる場合は、回答時間がかかりますので、研修終了後1～2週間程度ののちに提出してもらう方法も検討します。

アンケート項目の作成では、以下の点に留意して作成します。

①研修目的やねらいが、どの程度達成できたのかを測定できる質問を用意する。

②研修プログラム順に、満足度や、理解度、仕事への役立ち度合いを数値で評価してもらう項目を設定する。例えば、理解度についての質問では「よく理解できた（5点）、まあまあ理解できた（4点）、理解できた（3点）、あまり理解できなかった（2点）、理解できなかった（1点）」など、数値で評価してもらう。

③また、数量化できる質問と併用して、自由記述式の質問を設定する。例えば、「研修で最もプラスになったことは何ですか」「仕事で活用したいと思ったことは何ですか」などがあります。

なお、自由記述式の質問については、カーク・パトリックのレベル4に沿って説明します。レベル1の「反応レベル」、レベル2の「学習レベル」、レベル3の「行動レベル」を活用したアンケート項目例を考えてみましょう。

▶（1）反応レベル（レベル1）の質問項目

反応レベルは、参加者の反応を見るものです。満足度や理解度、関心度、指導法などについて質問します。以下を参考にしてください。

- 「研修は期待通りでしたか」
- 「研修内容は満足できましたか」
- 「講師の指導方法は適切でしたか」
- 「学習の進め方は適切でしたか」
- 「学んだ知識やスキルを職場で活用したいと思いますか」
- 「他の方に研修の受講を勧めたいですか」

▶（2）学習レベル（レベル２）の質問項目

学習レベルは、研修内容は理解したか、新しいスキルは身についたかなどについて質問します。

- 「研修内容はよく理解できましたか」
- 「研修で学んだ知識やスキルは、あなたにとって必要不可欠ですか」
- 「職場ですぐに活用できると思う知識やスキルは何ですか」
- 「学んだことで、最も参考になったとことは何ですか」

▶（3）行動レベル（レベル３）の質問項目

行動レベルは、学習内容を実行したか、研修後に仕事で活用しているかなどについて質問します。

- 「研修で学んだことは職場で役立っていますか」
- 「研修で学んだ知識やスキルは、仕事の成果につながっていますか」
- 「職場ですぐに活用できた知識やスキルは何ですか」

▶（4）今後の研修企画や評価に役立つ質問

- ・「参加にあたり、研修前に上司から研修の目的や期待について説明を受けましたか」
- ・「講師の説明の仕方は適切でしたか」
- ・「テキストや資料は、学習の理解に役立ちましたか」
- ・「今後、学びたい研修テーマは何ですか」
- ・「事務局の対応は満足できましたか」
- ・「研修室の環境は、学習に集中できましたか」
- ・「食事は満足できましたか」
- ・「今後の社員教育について、ご意見、ご要望をお書きください」

▶（5）実施上の留意点

　回答方法には「点数評価式」と「記述式」とがあります。測定結果を数値化して定量的に把握しやすいのは「点数評価式」です。4段階評価、または5段階評価が多く採られています。偶数の評価ですと、良いか悪いか評価が明確になります。

　また、「記述式」は参加者の気づきや意見、感想、考えを記述してもらうもので、目的に応じて点数式と記述式の設問をバランスよく配分します。

　現在、集計を容易にするため、OCR方式のアンケート用紙や、WEBを活用したアンケートが増えています。集計作業も楽にできますので活用すると効率的です。参加者の人数や回数、研修目的に応じて選択するとよいでしょう。なお質問項目はアンケート設計時に検討して、アンケート用紙に組み込みましょう。研修終了後になって質問したい項目が出てきてもあとの祭りです。研修目的やねらい、評価したい項目を忘れずに組み込むよう設計しましょう。

〈図表130〉 アンケート用紙の例

○○○○研修アンケート

研修名		実施日	年　月　日
所属部門		氏名	

　お疲れのところ誠に恐縮ですが、さらに充実した研修にするためアンケートへの記入にご協力をお願いします。

1．各設問の該当する数字に○をつけてください。

　　5：そう思う　4：ややそう思う　3：どちらかと言えばそう思う

　　2：あまり思わない　1：そう思わない

1	研修のねらいをよく理解して、目的を持って参加しましたか。	5	4	3	2	1
2	研修内容は、よく理解できましたか。	5	4	3	2	1
3	研修の進め方・時間配分は適切でしたか。	5	4	3	2	1
4	講師の説明、指導方法は良かったですか。	5	4	3	2	1
5	テキスト・資料は研修内容の理解に役立ちましたか。	5	4	3	2	1
6	研修で学んだことは、仕事に活かしたいと思いますか。	5	4	3	2	1
7	仕事に取り入れたい"気づき"はありましたか。	5	4	3	2	1
8	この研修を通じて自分が成長できると感じましたか。	5	4	3	2	1

2．研修で得た一番大きな収穫は何ですか。

3．今後、自分が受けたい研修テーマは何ですか。自由にご記入下さい。

4．今後、部下・後輩に受けさせたい研修テーマは何ですか。

5．その他お気づきの点がありましたら、自由にご記入下さい。

第 **4** 章

人材育成諸施策の考え方と具体化

　第4章は、集合教育（Off－JT）を含めた人材育成の諸施策について考察します。効果的な人材育成は、集合教育やOJT、SDの教育の3本柱に加えて、目標管理や人事考課、キャリア開発制度（CDP）などの諸施策との連動を図るトータルシステムとして展開することが大切です。

　教育研修を主軸とする教育体系を補完する周辺の制度や仕組みを、自社の状況に合わせて連動させることを検討します。

　本書の締めくくりとして、人材育成担当者への期待、役割と職務について解説いたします。

第1節 人材育成諸施策の考え方と進め方

1 経営・人事との一体化で展開

　企業における人材育成は、経営の方向である経営理念、経営方針、経営計画と、人事戦略、人事方針、人事諸制度とを連動させて展開する取り組みが重要です。トータルシステムとして経営と一体となって取り組みます。具体的には、経営理念、経営方針などから会社の人材育成理念ともいえる人材育成方針や期待人物像、期待能力の作成に反映させます。
　以下、経営と人事との一体化で取り組む人材育成施策について考察します。

〈図表131〉　経営と人事に関する人材育成体系

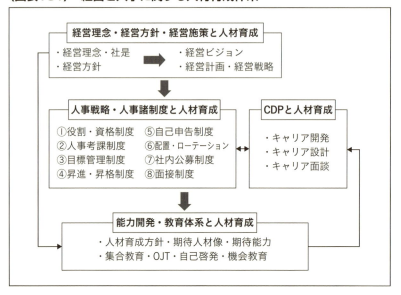

▶（1）役割・資格制度と人材育成

　経営理念、経営方針、中長期経営計画などの経営側面と、人事フレームである役割・資格制度面などを踏まえて、会社の人材育成方針、期待人材像を具現化します。役割制度、資格制度は、役割・資格区分ごとに期待する役割や能力・行動について明示しています。教育体系の構想段階で反映させる取り組みを行って下さい。

　　◇施策のポイント

　　　・人材育成方針に反映させる（第2章教育体系の構想）

　　　・期待する人材像、期待する能力に反映させる

　　　・役割・資格区分は、教育体系フレームである「教育体系図」の階層フレームや資格フレーム、能力フレームの土台とする

▶（2）育成型人事考課により、人材育成を強化する

　人事考課の目的は2つあります。1つめは期待基準を明確にして、絶対評価により公正な評価を行い、処遇に反映することです。社員に対して会社が期待する基準を明示します。2つめは、人事考課を活用して人材育成を進めることです。人事考課を通して社員個々人が自己の強み、弱みを知り、自己の能力向上の目標を確認させることが期待できます。これはすなわち、管理職にとっての指導・育成内容となります。

　育成を重視した人事考課とするためには、考課者が人事考課の目的を十分に理解して取り組むとともに、考課の実施能力と考課結果を適切にフィードバックする能力が重要となります。社員に適切にフィードバックして、育成への取り組みにつなげる対話力と面談スキルが求められます。

　　◇施策のポイント

　　　・管理職の人事考課・評価能力の向上を図る

　　　・管理職の「部下指導・育成」項目の評価ウエイトを高める

　　　・人事考課の結果を部下に適切にフィードバックし、動機づけや指導・育成につなげるフィードバックスキルを向上させる

▶（3）目標管理を活用して現場で人材育成を進める

目標管理は、企業における組織目標と社員個々人の目標との連動・一体化を図り、企業目標の達成を目指します。目標管理の活動プロセスは、目標の設定→目標達成に向けた実行→目標の評価・振り返りのマネジメント活動で進められます。

Plan—Do—Seeの各プロセスにおいては、上司と部下との間で面接や支援・指導が行われるので、人材育成の有効な機会となります。Doの目標達活動においては、その取り組み状況に対して上司による支援・指導や動機づけが行われます。また、Seeの目標評価・振り返り活動では、仕事への取り組みや能力開発、能力向上の状況について話し合い、アドバイスが行われます。このように目標管理は、上司による部下指導・アドバイスなどの能力発揮、能力向上が行われる効果的なマネジメント手段となり、有効な人事施策の一つといえます。

◇施策のポイント
  ・人を育てるマネジメント手法として、目標管理の推進と定着に取り組む
  ・管理職に対して、対話スキルや面接スキルの向上を図る
  ・管理職に対する指導能力と動機づけ能力の向上を図る
  ・目標管理と日常のマネジメント活動とを一体化させる

▶（4）昇進・昇格制度、専門職制度（プロフェッショナル制度）と人材育成策

人事基本フレーム（役割制度、資格制度）の中で、次のステージを目指すのが昇進・昇格制度です。制度では昇進・昇格のための要件は何か、方法は何かなど、昇進・昇格の条件について社員に提示しています。

専門職制度やプロフェッショナル制度では、会社が期待している専門職、プロフェッショナルの方向や、役割・能力などを明示しています。働く人の価値観が多様化している今日においては、社員全員が管理職を目指すという時代から、自分の専門性を高め能力を発揮したいという職業人を目指す社員が増えています。昇進・昇格制度や専門職制度、プロフェッショナル制度などにより個々人の適性を発見し、その適性を活か

して能力を発揮する制度といえます。

◇施策のポイント

・社員の適性を判断するアセスメント診断やアセスメント研修を計画する

・アセスメントの結果を、本人にフィードバックし、能力開発につなげる

▶（5）自己申告制度と人材育成の連動

　自己申告制度は、社員個々人の現在の仕事に関する状況や、将来の方向・要望などについて本人から直接収集し、今後の対応などの検討材料として実施します。内容としては現在の職務への取り組み状況、希望する職務、習得したい能力、挑戦したい資格などが中心です。

　社員個々人の現状と将来の方向を把握して、配置やローテーション、キャリア開発などの参考材料として活用します。通常は人事部門と本人との話し合いの面接によって意見交換を行います。

◇施策のポイント

・自己申告に基づく話し合い面接を実施する

・CDPであるキャリア設計やキャリア開発研修に反映させる

・教育体系の中に選択型メニュー教育を取り入れて、本人の能力開発を支援する

▶（6）配置・ローテーションを通して、個々人の職務充実、職務拡大につなげる

　配置・ローテーションの主目的は、組織要員計画を実現し、業務目標を達成することや適材適所による人材活用、人材育成などにあります。社員個々人としては、この配置や異動を通して職務の遂行能力の充実・強化や職務の拡大を図り、自己の能力向上や自己の職務適性を発見することができます。

◇施策のポイント

・標準となるローテーション基準などを参考にしてCDPを検討する

・職務適性診断、職務の遂行能力診断などを実施し、将来設計の参

考とする

・職場での仕事の経験は、人材育成や能力開発、キャリア形成に重要であるため、管理職による職務の割り当てやOJT、目標管理などと連動させる

2 人材育成としての教育の3本柱を整備

　人材育成の目的は、経営が求める社員の職務遂行能力を高め、経営目的を実現することです。その目的を効果的に実現するための人材育成とするためには、大別すると3つの方法にまとめられます。「集合教育（Off-JT）」「職場内教育（OJT）」「自己啓発（SD）」の3つです。「教育の3本柱」といわれ、教育体系の設計や教育計画の策定時に最適な教育手法を選択する際の教育手法の概念です。

　3つの方法にはそれぞれ長所・短所がありますので、教育目的や実施条件などを踏まえて選択をします。

　例えば、一度に多くの対象者に教育を行う場合には集合教育（Off-JT）で実施し、職場において固有の知識やスキルを習得する場合にはOJTや職場の勉強会を展開するなど、実施する教育内容に適した方法を選択します。

　近年の傾向として成果主義人事の見直し、職場環境の変化などの要因から、再びOJTが見直されています。2017年度の「日本の人事部　人事白書2017」調査によると、企業が必要な施策としてOJTを挙げた企業は90％にのぼります。近年、形骸化がみられたOJTは、「学習環境デザイン」という学問において、職場学習に関する研究が進んだこともあり、職場での学びのあり方として再考されています。

〈図表132〉 教育の3本柱

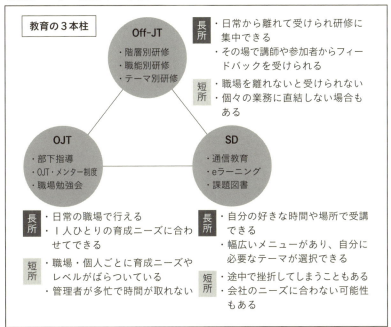

〈図表133〉 集合教育・SD・OJTのメリットとデメリット

	長所（メリット）	短所（デメリット）
集合教育	・多くの社員を効果的に研修できる ・受講者同士の意見交換による気づきを得られる ・職場ではできない体系的な知識やスキルを習得できる	・1人ひとりの能力レベルにあった教育ができない ・少人数の場合、社外講師はコストがかかる
自己啓発(SD)	・自分の好きな時間や場所で学習できる ・コンテンツが豊富にあり、低コストかつ多様なニーズに応えられる ・集合教育と組み合わせて効率的な教育が可能	・学習を継続することが難しい ・通信教育の修了率にバラツキがある
OJT	・日常業務に密着した実践力重視の教育が可能 ・個人のニーズやレベルに合わせた教育が可能 ・知識・技能の伝承が可能 ・教育コストが低い ・教える側の成長にもつながる	・仕事が多忙な時は手薄になりがち ・体系的な知識を学ぶことは難しい ・上司以上の知識やスキルの習得が困難である ・OJTの定着や成果は管理者次第な点がある

❸ 集合教育は階層別・職種別・課題別で組み立てる

　集合教育は、多数の人が一堂に会して講義を受けて知識を習得したり、討議によって考え方を深めたりする集合型の学習です。階層別教育・職種別教育・課題別教育などによって構成されます。教育調査で明確にした教育ニーズを踏まえて教育体系、教育計画、教育プログラムに反映させます。

▶（1）階層別教育

　同一資格や職位の社員が対象で、資格や職位での教育となります。管理者研修や中堅社員研修、新入社員研修などをみると、新任時に１回だけ行うものや毎年繰り返して行なうものなどがあります。また、昇進昇格時に実施する新任管理者研修や上位資格等級への合格者研修などは、毎年または定期的に継続実施することが大切です。

　テーマや内容は組織マネジメントに関すること、期待役割の認識、求められる能力、必要とする知識教育、態度・行動変容教育などを中心として進めます。

▶（2）職種別教育

　それぞれの職種で必要な専門的知識やスキルの教育です。教育調査で具体化した能力一覧に基づいて職種別に最適な内容、方法を組み立てて実施します、営業研修や財務研修、サービス研修などがあります。職種別研修においても営業基本研修、中堅営業担当者研修、営業職エキスパート研修など階層別に実施するケースもあります。

▶（3）課題別（テーマ別）教育

　特定の対象者に対して、必要な知識を学ばせたり、資格のための準備をさせる教育です。例えば、ISOの推進方法を学ばせるものや、安全衛生管理者となるために行う教育などです。教育調査で明確になった経営の重要施策などに関するテーマを取り上げて計画します。必要な教育や

知識・スキルの習得などの目的で行われます。

　限られた人に必要な時期に行うので、方法はあらかじめ決めずにその都度経営課題と連動させた最適な内容や方法を採ることが特徴です。会社の重点施策や、経営戦略の遂行に必要な方法や能力の開発、コンプライアンス研修やハラスメント研修などがあります。

①機会教育

　機会教育とは、自社では教育できない高度な専門的知識や技術などの内容について、ある程度長時間（１ヶ月以上）を要して、他の組織を活用して習得させる教育スタイルです。例えば、他社、他の教育機関、海外・国内大学や専門学校、官公庁などで、産学協同の事業開発やプロジェクト参加、小集団活動推進団体へのリーダー参加、委員会・共同研究への参加などがあります。専門知識やスキルを持つプロフェッショナル人材がますます求められており、積極的に活用すべきでしょう。

②選抜教育（ビジネスリーダー研修）

　企業の基幹人材を育成する目的で実施される研修で、ビジネスリーダーや経営幹部養成のために行う教育施策です。経営能力の醸成と幹部人材のアセスメントなどを経て、実際に経営を任せ、実践を通じて経営能力や経営感覚の向上を図ることなどです。

　変化の激しい環境下では階層別教育による幹部育成のスピードが間に合わず、早期の幹部養成の施策として行われています。

　一般的に、若手層や中堅層から選抜ターゲットを絞り込み、対象者（個人）にわかるように施策を展開します。

　実施する上では、選抜基準の明確化、選抜機会の平等などの検討が重要となります。本人の社内キャリアに大きな影響を与えることになるため、選抜に際しては十分な擦り合わせが必要です。

▶（4）集合教育（Off−JT）の特徴

①教育部門や担当する部門、部署が中心になって行う。
②多くの社員を効果的に研修できる。

③体系的・理論的に知識・技能の習得を図ることができ、職場ではできない新しい知識・技能が習得できる。

④受講者同士の意見交換による日常の体験を整理でき、良い刺激を受ける。

⑤職場を離れて学習するため研修に専念できる。

▶（5）集合教育を組み立てる際の留意点

①教育ニーズを明確にし、教育目標・目的を設定して必要な教育を行う。

②人材育成の基本であるOJTや自己啓発を補完する役割機能を持たせる。

③人材マネジメントの一環であり、人事諸制度やOJTとの関連性を持たせる。

④やりっぱなしにせず、実施直後の効果測定やフォローを行い、評価・改善を行う。

⑤階層別教育、職種別教育、課題別教育の位置づけ、期待を明確にして組み立てる。

4 職場内教育はOJT能力の向上、OJT体制の整備により展開

▶（1）OJTの考え方、進め方

OJTは職務に必要な能力の向上を目的として、職場の上長・先輩による仕事を通じて行われる部下・後輩の指導、育成です。担当業務を遂行する上での能力向上をねらいとして実施されます。2016年度の厚生労働省「能力開発基本調査」では、回答企業全体の73.4％の企業で導入されており、企業においては最も重視されている人材育成の方法です。

しかし、OJTを実施している企業のうち、OJT制度が機能し定着・浸透している企業の割合は約6割に留まり、活動が形骸化するなどの問題を抱えているのも事実です。

以前と比較して働く環境が大きく変化したことや、社員の働くことへ

の意識の変化が背景にあります。

①社員の意識醸成を図ることや、管理職、監督職、およびOJTリーダーに対する研修の機会提供などが必要であり期待されています。

②管理職、監督職がOJTを実施するために必要な、OJTの考え方や方法などをマニュアルに作成したり、日報と今日の振り返りを記入し上司やリーダーからのコメントを交換するOJTノートの作成や、OJTの活動を周知・支援する取り組みなども定着浸透にとって大切です。

③OJTの実施を強化するためには職場が一体となって育成に取り組む意識や風土の醸成、OJTリーダーをサポートする上司の支援の在り方、指導にあたる時間の創出や働き方の見直しによる業務分担の調整、部下指導への評価などが課題になります。

④OJT支援ツールやOJTマニュアルなどの指導教材の作成・提供や支援対策といった環境整備を、人事・教育部門が支援することも求められています。

⑤OJTを必要とする対象者に誰がOJTリーダーとなり、どのような能力をどのくらいの期間でどの程度まで、どんな方法で習得させるのかを計画するOJT育成計画書の活用など、OJTの実施体制の整備も必要です。新入社員や若手、配転者、中途採用者に対して、組織的な体制を整備して進めることが大切です。OJTリーダー制度、ブラザー制度（メンター制度）などの名称での導入を検討するとよいでしょう。

▶（2）OJTの特徴

OJTは直属上司である管理・監督者や先輩社員が中心となって進めるため、日常業務に密着した実践力重視の教育が可能な育成手段です。また、個人のニーズやスキルレベルに合わせた教育ができ、知識・技能、およびベテラン社員のノウハウの伝承が可能な教育手法です。職場内コミュニケーションの主要な手段ともなり、日常業務の工夫や改善向上の取り組みが行われるなど、日本ではなじみの深い代表的な人材の育成手

段です。そして、職場で上司や先輩に教えられて育った社員は、今度は
自分が後輩や部下を指導・育成するという循環が生まれ、人を育てる組
織風土が作られるという特徴があります。

①管理・監督者が中心になって進めるため、日常業務に密着した実践
　力重視の教育ができる。

②個人のニーズ、個人のスキルレベルに合わせた教育ができる。

③知識・技能及びノウハウの伝承が可能である。

④職場内での上司と部下とのコミュニケーションの主要な手段となる。

⑤OJT担当者は、指導・育成活動を通じて自分自身の成長が図れる。

⑥中堅リーダーが、将来部下を持つ立場になった時の、部下指導・育
　成の経験となる。

⑦習得するまで、あるいは行動が変わるまで繰り返しの学習ができる。

▶（3）OJTの主要施策

OJTを職場で展開するためには、具体的にどのように進めたらよいで
しょうか。

OJTの推進としては以下の施策があります。

①日常の指導、職場での教育の強化充実

②業務の目標、仕事の割り当て（職務拡大・職務充実の機会の提供、
　職務代行　職務割り当ての実施）

③自己申告、目標管理と面接制度の活用

④OJTリーダー制度、ブラザー制度（メンター制度）の整備

⑤管理職、監督職向けのOJTツールの整備

　5つのOJT主要施策について解説します。

①日常の指導、職場での教育による強化、充実を図る

　　OJTは職場の上司や先輩などが、部下や後輩に仕事の仕方などを
　教える日常活動のすべてです。しかし会社としては、誰に（対象）、
　どんなことを（目的）、いつまでに（期間）、どのくらいまで（レベ
　ル）できるようにさせるかというガイドラインを長に与え、それに

基づいた計画を立てて実施することが重要です。

部下・後輩を育成するために「OJT計画表」や「能力開発計画表」などを作成し、「誰に」「何を」「いつまでに」「どれくらいまで」「どのような方法で行うか」を明確にして進めることが期待されています。

そうは言っても、日常活動が多忙、部下と接触する機会が少ないなど、さまざまな要因で思うように実行できないのもOJTの現実です。部下1人ひとりの現状を踏まえた育成計画の作成から実施、フォローに至るまで、実施するのは職場の管理者やOJTリーダーです。多忙な中で、部下・後輩の1人ひとりについてどのような能力が求められていて、現在の保有能力がどのような状態かを明確にし、そのギャップ（人材育成ニーズ）を明らかにして、いつ、誰が、どのような方法で、どのように指導するのかを計画表に落とし込むのは容易ではありません。OJTマニュアルの整備や、社員に求められる能力体系（職能要件）の整備、指導教材の作成、働き方の見直しによる時間の創出、OJT担当者への評価の仕組みなど、人事・教育担当部門が果たす役割、期待値は大変大きいといえます。

②業務の目標、仕事の割り当てによる職場拡大・充実を進める

業務目標の設定とフォローアップ、仕事の割り当て、職務拡大・充実、教育的異動配置などがあります。育成の視点から職務の割り当てを行い、計画的・意図的に経験を積ませて能力の向上を図ります。職務の拡大、充実を実現するためにも、仕事の割り当て方や異動配置などをある程度計画的に行うことが、個々人のキャリア開発を進めるうえで重要な施策となります。

③自己申告、目標管理と面接制度を活用し個人指導を行う

定期的に指導面接を実施して、本人の能力向上への意識づけ、アドバイスを行うと効果的です。また、部下・後輩それぞれの能力状況、適性や特性、将来方向などについて、各社が実施している自己申告や目標管理を活用して、部下・後輩とよく話し合って進めます。

さらには、部下個々人に対して、育成目標 − 部下の現有能力 ＝ 具

体的な教育必要項目というプロセスで目標を設定し、それに基づく育成計画を作成して能力開発を進めます。

④OJTリーダー制度、ブラザー制度（メンター制度）を整備する

OJTリーダーに対して、OJTの指導法や進め方に関する教育を事前に実施して進めます。そのための研修プログラムを用意しておくことが望ましいでしょう。

最近ではコーチングが浸透していますので、コーチングスキルをOJTリーダーや管理職に教えることを盛り込むケースが増えています。また、新入社員に対しては、マンツーマンによるOJTリーダー制度やブラザー制度などの指導体制をとり、効果を上げている事例が多く見られます。

⑤管理職、監督職向けのOJTツールを整備する

教育部門としては、OJTを実施するためのツールである「OJTマニュアル」「指導指針」「指導方法」「教材一覧」などを整備し、OJT指導者・支援者である上司・先輩に提供して現場を支援するなどを行うとOJT実施の充実・強化が図れます。

▶（4）OJT推進の体制

OJTの計画、実施、評価という基本の流れを踏まえた上で、OJTをとりまく制度、仕組みが有機的に機能するよう関係者に働きかけることが重要です。

具体的にはOJT推進体制の整備、各層の役割の明確化、指導マニュアルや教材の整備、標準育成パターンの整備などの施策を教育担当者が主体となって検討し、整備することが必要です。

集合教育はOJTを補完するものとして、また自己啓発は能力開発の基礎として位置づけて、自己啓発に取り組みやすい環境づくりを行います。

▶（5）OJT指導者の心構えと役割

OJTは指導者の心構え、取り組みによって、部下・後輩への動機づけや意欲に大きく影響します。したがって、教育担当者は集合教育の実施

だけでなく、OJT推進の上司・先輩に対して、指導者としての役割を充分認識してOJTに取り組んでもらうよう働きかけます。

OJTは特にマンツーマンの教育指導ですから、常に部下との人間関係や信頼関係がベースにないと、部下も納得したOJTとはなりません。日頃から円滑なコミュニケーションを実施することがポイントとなります。

〈図表134〉 OJT推進の全体像

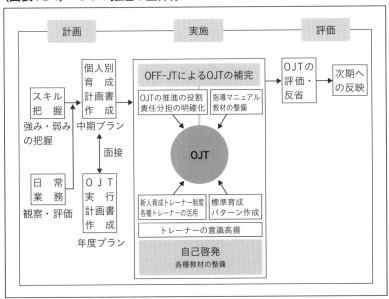

部下・後輩との人間関係に留意して、上司と部下との人間関係を築いておくことが大切です。

また、指導者としての情熱と意欲をもって部下・後輩を指導することも忘れてはなりません。「上司として部下・後輩を成長させたい」「もっといい仕事をしてほしい」「もっと能力を向上してほしい」と部下を思う気持ちや意欲が、OJTで大切な基本となります。指導者が情熱と意欲を持ってOJTに取り組めば、部下・後輩もその期待に応えてくれるはずです。OJTは教わる側を中心として指導することが最大の要点であり、部下・後輩の能力レベル、性格、仕事の状態を配慮した指導が求められ

ます。

▶（6）OJT推進上の留意点

①OJTを推進する社内の体制やマンツーマン制度、仕組みを整備する。

②OJTの推進・定着化を図るためのサポートツールを作成しその活用を促す。

③OJTの目的、考え方、進め方、指導の仕方などを、管理者やOJTリーダーに対して行う教育研修を実施する。また、指導用のマニュアル・指導教材などの整備を行う。

④OJTは、指導する管理者・OJTリーダー自身の成長につながることを確認する。

⑤管理職・監督職の人事評価における部下指導・育成要素の評価ウエイトを高める。

▶（7）OJTマニュアルの目次例

管理者（OJT支援者）やOJTリーダーが、職場でOJTを実践していく過程で、指導・育成上のさまざまな問題や悩ましい事象が発生することも否定できません。各企業はそのような際に役立つOJTマニュアルを作成して、OJT活動を支援しています。

以下にOJTマニュアルの小冊子の項目をご紹介しますので、参考にして自社版を作成して下さい。

〈図表135〉「ＯＪＴマニュアル」の目次例１

　このマニュアルはＯＪＴ実施の姿勢や方法を主体にしています。自社のＯＪＴ課題を明確にしてその対応を盛り込むことが大切です。

1．部下が決めるあなたの業績
　　⑴部下で決まるあなたの業績〜責任は管理者にあり
　　⑵ＯＪＴ指導者の心構えと役割
　　⑶ＯＪＴのメリット

2．「場づくり」こそＯＪＴ
　　⑴ＯＪＴをうまく行うには
　　⑵計画的な育成－ＯＪＴのポイント

3．仕事の任せ方
　　⑴仕事を任せ、能力が活かせる職場づくり
　　⑵責任・権限委譲
　　⑶業務を通して行うＯＪＴとは

4．褒め方・叱り方のノウハウ
　　⑴教えるより自分で考えさせ、やらせてみる
　　⑵聞き上手になる、叱り上手になる

5．ＯＪＴ指導計画書の作り方
　　⑴一人前の基準とは〜スキルズインベントリーの見方
　　⑵どんな能力を身に付けるべきか、どんな方法で教えるか
　　⑶指導計画書を一緒に作る

6．指導面談の持ち方と指導方法
　　⑴面談の進め方
　　⑵ＯＪＴ計画の活用法
　　　　　　　・
　　　　　　　・

〈図表136〉「ＯＪＴマニュアル」の目次例2（『ＯＪＴ実践マニュアル』）

　このマニュアル事例は、自社のＯＪＴの考え方・進め方の仕組みと管理・監督者の取り組みを具体的に説明しています。自社の仕組み、管理監督者の役割を具体化することが必要です。

1．人材育成の方向
　　(1)人材育成の重要性と人材育成の方向

2．ＯＪＴの基本的な考え方とねらい
　　(1)ＯＪＴの定義とねらい
　　(2)ＯＪＴの位置づけ
　　(3)ＯＪＴ推進のための課題、重点施策

3．ＯＪＴ推進上の役割と責任
　　(1)ＯＪＴ推進の役割
　　(2)ＯＪＴ推進の分担

4．ＯＪＴの推進
　　(1)ＯＪＴ推進の全体像、ＯＪＴ推進の手順
　　(2)マンツーマン制度
　　(3)ＯＪＴ自己啓発教材の活用

5．ＯＪＴ手順ごとの内容
　　(1)ＯＪＴ計画作成、実施、評価の各段階の内容
　　(2)ＯＪＴとＯｆｆ－ＪＴとの連動
　　(3)ＯＪＴの基礎となる自己啓発

6．管理者・監督者のためのＯＪＴのポイント
　　(1)管理者・監督者のためのＯＪＴに対する心構え、取り組み
　　(2)被指導者への動機づけの方法
　　(3)ＯＪＴの基本的な指導方法
　　(4)対象層別指導の方法
　　(5)ＯＪＴ指導事例
　　(6)ＯＪＴと面接要領
　　　　　　　・
　　　　　　　・

266

5 自己啓発は個人への意欲喚起と支援・援助制度により促進

▶（1）自己啓発とは

　自己啓発とは、自己の能力向上を図ることをねらいとして、主に通信教育やeラーニング、推薦図書、資格取得など、社員自身の時間を活用して自主的に取り組む教育方法です。社員自らが主体となって自学自習し、自己の能力向上を図ることをねらいとした方法です。

　また、自己啓発は社員の自主的で主体的な取り組みが重要であり、当面必要な能力開発の向上と将来からみた自己成長を図るための重要な教育方法です。

　職務遂行力を高める、またキャリア開発に役立つという側面からの自己啓発の支援策を整備することが必要です。

▶（2）自己啓発の特徴

　①自己の能力・ニーズに合わせてマイペースでできる。

　②少ない時間の活用で幅広く学べる。

　③自己成長のための資格取得が可能である。

　④現在必要なテーマから将来に至るまでの幅広いテーマの学習が可能である。

▶（3）自己啓発の主な方法

　①通信教育やeラーニングの受講斡旋、援助

　②外部講習会、セミナーの紹介、斡旋

　③公的資格取得の奨励、援助

　④社外の教育機関（大学、専門学校など）、研究会への斡旋、援助

　⑤推薦図書の購読、貸し出し

▶（4）自己啓発支援制度と促進策

　自己啓発は自己の知識、能力を自主的、主体的に学習する活動です。それにはまず本人の「やる気」が大切で、そのやる気を刺激するのが教

育担当者の任務となります。

社員の自己啓発意欲の換起、自己啓発の支援体制の整備や学習する組織風土作りなどの役割が期待されています。

企業は自己啓発を促進するため、通信教育の導入や公的・民間資格取得への援助、グループ学習の支援など、受講費用の助成や教育訓練給付金といった支援制度を活用するなどして取り組んでいます。

なお、自己啓発の対象領域としては、職務遂行能力の強化向上領域と自己の成長、自己のキャリア開発を図る領域があります。企業の取り組みとしてはこの2つの領域をカバーするのがよいでしょう。

▶（5）自己啓発の進め方のポイント

自己啓発を促進するため、会社は個人が自由意思で教育メニューの中から選択して学習できるよう、学習カリキュラムを全社員に案内します。また社員が自由に受講時期やカリキュラムを決め、受講の手続きを行えるような援助制度を用意します。自己啓発のための支援策の検討、整備が必要です。例えば、自己啓発方法や内容を案内する冊子の作成、自己啓発の援助（予算や時間）の整備などが必要です。

自己啓発の方法や内容を自ら選択する選択型の方式が基本となりますが、企業が必要に応じて対象者を指名して、特定の講座に取り組んでもらう指名型方式を採る場合もあります。その場合は、あらかじめ教育体系に階層別教育や職能別、課題別教育の一環として実施されることを明記し、組み入れておくことが大切です。

①自己啓発制度を導入する場合は、自由選択型と指名型などの方法を組み合わせて企画し、教育体系の中に位置づける。

②社員同士が刺激し合い、自己啓発に積極的に取り組む学習風土づくりを進める。

③通信教育の導入や資格取得支援、受講機会の提供や受講料や入学金の援助、グループ学習の支援など促進・推進策を設定する。

④導入時には多くの社員が活発に利用するものの、年数が経つにつれて利用者数も減少しがちになるため、案内コースの入れ替えや、受

講記録の登録、修了者への学習費用の援助、自己啓発の取り組み事例の発表など、魅力的な仕組みを導入し、継続的な学習意欲の喚起をすることが求められる。

▶（6）自己啓発制度や講座選定時のポイント

教育スタッフは、以下の点を踏まえて自己啓発制度の設計や講座選定を検討するとよいでしょう。

①自社のニーズに合った方法や内容を選択する。

②対象者別に必須のコースと選択のコースを決める。

③通信教育、eラーニングなどの助成制度を整備する。

④教育効果を高めるためには、自己啓発の方法である通信教育、eラーニング、推薦・課題図書などと集合教育を連動させて行うと効果的である。

⑤自己啓発は継続的な取り組みが難しいので、上司との面接時でのアドバイスや動機づけが重要である。

▶（7）自己啓発の援助策

自己啓発に対する支援制度を導入している企業の割合は、2016年度「能力開発基本調査」によると80.9％と高く、大手企業ほどその割合は多くなっています。内容としては「受講料（通信教育や社外セミナーの受講料）などの金銭的援助」が79.2％、「教育機関や通信教育の情報提供」が47.1％、「社内での自主的な勉強会に対する援助」が37.8％、「就業時間の配慮」37.6％となっています。〈図表137〉

教育スタッフは社員の自己啓発意欲を高めるため、以下のような支援策を検討するとよいでしょう。

①通信教育、eラーニングの受講斡旋・援助

②外部セミナー、講習会の紹介・援助

③自主参加の社内研修会の開催

④相互学習、学習サークル、自主勉強会への援助

⑤公的・民間資格取得の援助

⑥国内、海外研修会、学界、研究会参加の援助
⑦図書、学界誌、専門誌購入の斡施・援助

〈図表137〉 企業における自己啓発支援内容

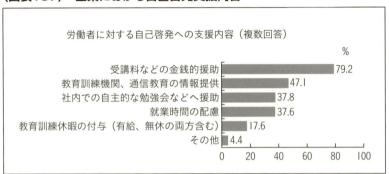

出所：2016年度「能力開発基本調査」厚生労働省調査

　なお、個人が自己啓発に取り組む方法としては、「ラジオ、TV，専門書、インターネットによる自学自習」が49.4％と最も多く、次いで「社内の自主的勉強会」29.1％、「社外の勉強会への参加」が24.1％、「社外のセミナー参加」や「通信教育の受講」がそれぞれ22.9％、19.4％となっています。〈図表138〉

〈図表138〉 自己啓発の実施方法

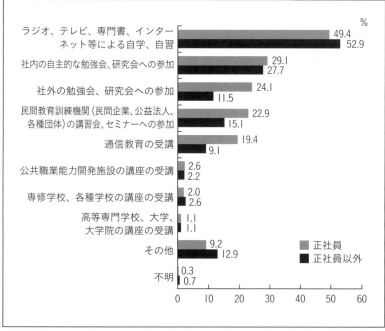

出所：2016年度「能力開発基本調査」厚生労働省調査

▶(8) 公的・民間資格の取得支援制度

　自己啓発制度と関連して、資格取得の促進を図る目的で設けられる支援制度です。業務遂行に必要な資格取得を義務付けている場合と、自己啓発の一環として取得を奨励している場合とがあります。取得に必要な諸費用（受講費やテキスト書籍代、受験費用など）の支給実施の有無などに応じて支援内容は異なります。実施上の留意点は以下の通りです。

　①自社の実務に直結した資格を中心に選択する。
　②専門能力を高めるためにも、実務と関連した資格を明確にし、上司によるアドバイスを取り入れると挑戦意欲が高まる。
　③取得を奨励する公的な公認資格と社内認定資格を決める。
　④資格取得に関する助成制度を作成する。

　助成内容としては、取得にかかる費用の援助や祝金の支給、取得後の

資格手当ての支給などがあります。取得が義務付けられている場合は77％の企業が何らかの費用援助を行っています。自己啓発の一環として取得する場合は約半数の企業が、受講料の費用援助を実施しています。

⑥ キャリア開発は仕組みづくりと能力開発機会により展開

▶（1）キャリア開発の考え方と進め方

　個人の主体的なキャリアアップの実現は、かつては転職や独立を伴うリスクの大きな選択でした。多くの社員にとっては企業内での異動や昇進・昇格など、いわば会社主導によるキャリアの蓄積が中心でした。

　近年は、職業に対する意識や価値観の変化、労働市場の流動化が進み社員自身のキャリアに対する意識も、会社依存から個の自立へと高まってきています。2016年度に厚生労働省が行った「職業能力基本調査」では、自分自身の職業生活についての質問項目があり、「自分で職業生活設計を考えていきたい」が68.0％と、ほぼ７割の社員が自分で考えたいと回答しています。しかし、同調査で「自己啓発を行う上での問題」の質問に対する回答結果をみると、「自分の目指すキャリアに適切なコースがわからない」「自分の目指すべきキャリアがわからない」を合わせると31.1％にもなります。自分でキャリアを考えて実現したいのに、自分のキャリアが描き切れていないケースや、キャリアを積み上げていく上で必要な学習をどう進めていいか迷っている社員が多くいることがうかがえます。

　このような背景をもとに、企業は人材戦略の視点から、組織と社員個人の両面で採用、育成、配置、評価、処遇の見直しを進めています。経営戦略や事業計画に沿った必要な人材の育成と合わせて、キャリアパスの整備などを進め、企業成果の実現と社員の成長、モチベーションの向上や組織の活性化を実現させる人材マネジメントに取り組んでいます。

▶（2）キャリア開発支援の設計

　社員個人へのキャリア支援では、キャリア向上に資する学習機会の提

供として、自己啓発制度に資格取得講座をはじめ、さまざまなビジネススキル講座の情報提供、受講費用の援助策、資格手当の導入、目標管理での管理者との面談や日常業務での指導奨励などを通した能力開発目標の設定や、習得した能力を活かす機会の提供などを検討します。

また、昨今は能力開発と同様にキャリア開発も自己責任が問われており、社員の職業人生を見据えた能力開発の機会提供と合わせて、持続的なキャリア開発支援の施策を検討する必要があります。

例えば、管理者を対象に部下の指導・育成をキャリア開発の視点から取り組めるプログラムを設計したり、目標管理制度やOJT活動の中にキャリア視点に立った部下指導・育成、面談のスキルを学習する科目を教育体系に組み込むことが考えられます。

仕組みの面からは、自己申告制度の活用や異動や配置制度、社内公募制やキャリアチェンジ制度などの関連施策と連動させることを検討すべきでしょう。

▶(3) キャリア開発研修の計画

キャリア開発研修は、多くの場合、30歳、40歳、50歳などの節目に実施され、これまでの仕事経験や人生を振り返り、キャリア目標の実現に向けて自己課題と能力開発に取り組む力を習得する研修です。各社さまざまなプログラムで行っていますが、①自分の強み弱み、興味関心や価値観の自己分析　②これまでの仕事と経験の振り返りと習得した能力や経験の評価　③これからのキャリア目標に向けた仕事の取り組み方や能力開発の計画などを立てるものが一般的です。

研修実施のポイントは以下の通りです。

①年代別にキャリア開発の教育を企画する

②能力スキルマップを活用して自己の能力評価を実施し、自己実現を図るための能力向上計画につなげる

③上司が部下の将来像を確認し、それに基づいてOJTによる支援を行う

④面接制度を活用して、本人のキャリアを支援・サポートする

⑤教育体系の課題別研修に、選択型方式（カフェテリアプラン）で各

273

種研修を用意する
⑥資格取得を奨励する制度として、取得費用の援助制度や資格手当などを設ける

〈図表139〉は、それぞれの年代や役職に求められる課題に沿って働き方を見直し、モチベーションを高く維持できるようキャリア開発体系を導入している企業の事例です。キャリア発達段階を初期（ファーストステージ）、中期（セカンドステージ）、後期（サクセスステージ）に分け、2年目、33歳、43歳、50歳を節目にした研修を実施しています。

また、自身のキャリア開発履歴が一見してわかるようなサイトも構築しています。さらにキャリア開発の理念をすべての社員が共有できるように、一般社員向けおよび管理職向けの「キャリア開発ハンドブック」を作成して浸透を図っています。

〈図表139〉 キャリア開発研修の事例

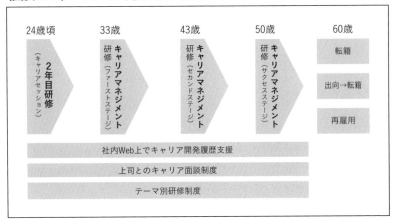

7 人材育成に関連する法改正への対応

近年、政府主導による法改正や閣議決定にともなう企業の取り組み義務化が増加しています。2014年に打ち出された「日本再興戦略」において、「働き過ぎ防止の取り組み強化」が取り上げられ、日本経済の成長戦略の柱の一つとして、「長時間労働の是正などによる労働生産性の向上」「女性や高齢者の活躍推進」などが盛り込まれました。2016年には「ニッポン一億総活躍プラン」が閣議決定され、政府は「長時間労働の是正による労働の質向上」「多様なライフスタイルを可能とする働き方の改革」を推し進めるとしています。

以下、人材育成の観点から、企業が取り組むべき対応について解説します。

▶（1）女性社員の活躍推進法への対応

少子高齢化に伴う人口減少が進む中、経済成長を進める政府は2013年「女性の職業生活における活躍の推進に関する法律」（女性活躍推進法）を成立させ、2015年8月には301人以上の従業員を抱える事業所は、2016年4月1日までに行動計画を提出することを義務付けました。さらに厚生労働省は2016年4月から、行動計画を届けた企業の中から女性の活躍推進に取り組む優秀企業に対して、「えるぼし」の愛称で厚生労働大臣の認定を開始しました。

また、経団連は2030年までに女性管理者の割合を現在の11％から30％に引き上げるとする宣言を打ち出し、女性社員の活力を生かして日本経済の成長を目指すとしています。

このような背景を踏まえ、ワークライフバランス（以下WLB）やダイバーシティへの対応の一環として、女性社員のさらなる活用促進を図り、加えて中高齢者や非正規社員、障害者などの多様な社員の活用による少子高齢化への対応策として、企業活動の向上や業績拡大へ結び付ける考え方として捉えて、対応していくことが望ましいでしょう。また、企業イメージの向上やダイバーシティ・マネジメント推進の観点から、

その裏付けとなる人事制度の整備や社員の意識変革、女性管理者の育成と登用、男性管理者の意識・行動変革が求められています。

▶（2）「働き方改革」への対応

　2016年、政府は「ニッポン一億総活躍プラン」で長時間労働の是正を含む「働き方改革」の推進を打ち出し、これを受けて厚生労働省は「長時間労働の抑制」「年次有給休暇の取得促進」を視野に、働き方推進プロジェクトチームを立ち上げて、さまざまな施策に取り組んでいます。

　企業においても、すでにWLBやダイバーシティの推進に取り組んでいる企業も多くみられ、その下地のもとで「働き方改革」をより一層進めていくことが期待されています。

　人材育成の観点では、これらの取り組みが「なぜこれまでの働き方を変える必要があるのか」、その「目的や意義」を社員によく理解させることが取り組みの成果に影響します。社員への意識付けやトップを含む全社体制で取り組む体制作り、活動の評価、各自の行動プラン作りなどを、研修や職場ミーティングなどの場を活用し啓蒙・意識付けしていくことが求められています。

▶（3）ストレスチェック制度への対応

　労働力の確保が日本企業の活力向上への至上命題であり、その一環としての女性社員などの活躍に関する法改正の整備が進む中、一方で精神障害による労災補償の請求件数の増加や、1998年以降、毎年3万人前後の自殺者が発生していた現状など、憂慮すべき状況が続いています。

　「うつ病」による自殺者の増加や、ストレス過多による長期休職者の増加などの状況に対応すべく、2015年12月より政府は従業員数50人以上の企業に対して、毎年1回ストレスチェックの実施を義務付けました。

　実施の目的は不調者の発見もさることながら、健常者のストレスへの意識付けによる予防にあります。発症後のコストは予防コストを上回るとされ、継続する高いストレスは不調者の発生や職場風土の悪化、周囲の社員のモチベーション低下などの悪影響を与えます。ストレスチェッ

クは、このような状況を未然に防止することを目的としています。本人の心の健康状態への気づきを促すうえで、一定の効果は上がっていますが、集団分析の活用による職場改善など、組織としての対応が欠かせないことは言うまでもありません。

　教育面のサポートとしては、全社員へのメンタルヘルス教育やハラスメント（セクシャルハラスメントやパワーハラスメント、さらに近年クローズアップされているマタニティハラスメントなど）防止に向けた教育などを、継続的に実施することが期待されています。

　特にパワーハラスメントや長時間労働の常態化は、メンタル不調を生む原因としてうつなどのメンタル不調を引き起こしかねないため、会社として強い撲滅への意志表示や社内の相談窓口の設置、ハラスメントを行った社員への人事対応の基準策定などがキーポイントとなります。

▶（4）コンプライアンスと社会的責任への意識付け

　言うまでもなく企業および社員は法令を遵守し、社会の良き一員として活動を進め、社会に貢献することが求められています。

　企業規模が大きくなると社会に与える影響は大きく、その責任を自覚しなければ企業の存続が危ぶまれてしまいます。近年、大手企業による不正会計や不適切な労務管理、ハラスメントや人権に関わる裁判の増加やメンタル不調による自殺など、耳を疑うような事象が多発しています。コンプライアンスやCSRなどの意識付けや防止の取り組みなどを目的に、教育研修の面でも役割の重要性が増しています。

第2節 人材育成担当者に期待される役割と求められる能力

　人材育成に期待される役割は、近年ますます重要性を増しています。経営からの期待も大きく、変化する経営環境のもとで企業が成長・発展していくためには、社員の能力と組織能力の両面の能力向上が不可欠です。本書の締めくくりとして、人材育成担当者に期待される役割と能力について考察します。

1 人材育成担当者に期待される役割と能力

▶（1）人材育成担当者に期待される3つの役割と能力

　人材育成担当者に期待される役割と能力は、次の3点が重要です。

①社員を巻き込んで、「経営目標・方針を実現する推進者」としての役割と能力

②経営資源の第一の柱である「人材の開発者」としての役割と能力

③育成する企業風土、学習する企業文化の確立を図る「人材育成の改革者」としての役割と能力

〈図表140〉 人材育成担当者に求められる３つの役割

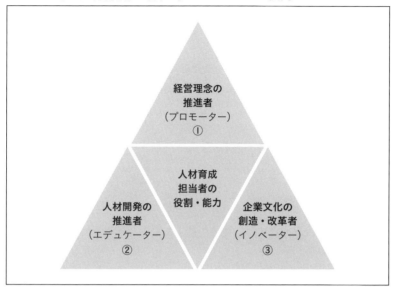

① 第１のプロモーターとしての役割は、経営方針の実現推進者として、経営トップと十分なコミュニケーションを図り、経営方針を翻訳して教育方針を策定したり、教育の場に反映する推進役となることです。そのためには経営方針を十分に理解し、経営環境や内外の変化を読みとって人材育成方針を立て、実施する教育に盛り込んで社員への徹底を図ることです。

② 第２のエデュケーターとしての役割は、企業の最大の経営資源である人材の積極的開発者として、あらゆる機会を通じて人材育成に取り組むことです。人材開発に力を入れていることは企業の魅力度を増し、優秀な人材の採用やモチベーション向上などによって、競争に勝ち残る条件を備えることにつながります。

③ 第３のイノベーターとしての役割は、自社の価値観や行動様式による良き企業風土の形成と、自ら学ぶ学習風土づくりに寄与することです。人材育成担当者は、今まで自社が培ってきた企業風土や組織体質を、企業文化のレベルにまで高めていくことへの貢献が期待さ

れています。

▶（2）人材育成の担い手として貢献する

　日常の教育の仕事は、会場の手配や講師の選定・依頼、受講者への案内、研修の運営など、こまごまとした業務の積み重ねと言ってもよいでしょう。こうした地味な積み重ねが教育の仕事の価値や影響力を高めることにつながります。

　人材育成は短期間に結果が出るものばかりではなく、むしろ長い時間を経てその成果が出ることの多い仕事です。特に企業の中核をなす管理者やリーダーの育成には、比較的長いスパンで計画を立てて取り組む必要があります。数年でローテーションとなる担当者の在任期間内には結果の見えにくい業務ですが、情熱を持って努力を積み重ねることが企業の人材育成につながります。

　近年では、教育に関する豊富な知識と経験を積んだベテラン担当者が減少し、人事部や総務部内で採用業務などと兼務で担当する社員が増えているのが現実です。

　そこで、人材育成担当者は教育に対する意識や自己の役割・影響力について、やりがいや夢などを、教育の仕事を通じて自己実現を図っていく心構えが必要です。

　企業の発展・成長にとって社員の成長がなくてはならないこと、そのことを経営者のみならず、社員全員が望んでいることをしっかりと認識し、教育の職務に当たっていただきたいと思います。人の成長に貢献することの素晴らしさを理解していただくことを願っております。

▶（3）組織と個人への期待に応える

　人材育成担当部門に求められていることは、企業の成長と社員の自己実現を図るという組織と個人の両面から人材育成を展開することです。

　経営視点では、環境変化に対応した人づくりであり、積極的に情報収集を行い、経営の諸問題を整理して今後の経営課題を設定する役割が求められています。

社員の視点では、従来のマネジメント志向だけでなく、専門職志向が増す中で、社員のキャリア志向に対応できる個人別能力開発の仕組みや制度作りなどが期待されています。

　これらの期待に応えるためには、まず人材育成の重要性を理解すること、人材育成部門に対する期待について深く理解することが大切です。

　特に経営層が期待していること、経営層が人材面で抱えている課題を把握して、人材育成の考え方、諸施策、教育計画などに反映させるためにも、常日頃から経営層と接触し意見交換を行うと共に、現場の情報収集を行うことが重要です。

　そのためには、経営層や管理職層、社員層の各階層と積極的にコミュニケーションを取り、各層からの期待を把握し、そこから得た情報をもとに育成機会の創出と、育成プログラムを作成する企画力、周囲を巻き込み説得する能力が求められます。

　これらの能力を身につけるには、社内外の研究会や勉強会などへの参加、社内の各種プロジェクトへの参画などを通じて、幅広い知識や考え方を身に付けることが必要で、さらに絶え間ない自己啓発への取り組みが求められています。

▶（4）人材育成担当者の職務内容

　人事育成担当者に期待される役割は能力開発・教育体系の整備、育成ニーズに基づく実現のための企画立案、教育計画に基づく実行とその評価など、なすべきことは多々あります。実務面から整理してみると、主に以下の役割が挙げられます。

　1．能力開発、教育方針、教育計画の策定
　　①人材育成委員会の組織化と委員会運営
　　②年度育成方針と年度教育計画の立案
　　③人材育成を推進する制度や仕組の計画、導入
　　④定期的な教育体系の見直し、整備
　2．教育調査による育成ニーズの把握

①教育調査を行い人材育成の課題やニーズを把握する

②調査結果の集計・分析を行う

③教育による解決策とその他の方法を峻別する

3．育成課題への対応策を企画立案する

①教育調査の結果を踏まえた研修プログラムを設計する

②設計にIDの考え方を活用し、原則に沿ったプログラムと教材設計を行う

③研修目的やゴール設定し、効果測定のレベルと測定方法を検討する

④OJTの定着化、浸透策を企画し、支援ツールを作成する

⑤自己啓発支援制度を企画・導入する

4．教育計画の実行

①年度教育計画にある教育研修の実施運営を行う

②対象者への連絡、案内、事前課題の徹底などを周知する

③当日の研修運営を遅滞なく行う

5．教育効果の測定と評価

①実施する教育研修の効果を測定する

②受講者へのアンケート調査を実施し、集計・分析を行う

③教育活動への評価と改善点を検討する

④年度経計画全体の評価を行う

6．教育活動の記録と報告

①教育活動の記録を取り整備する

②トップや管理者への活動報告を行う

③教育受講記録を付ける

なお、〈図表141〉に人材育成担当者に必要な実務能力を一覧表にまとめておきました。ご自身のチェック表としてご活用下さい。

〈図表141〉　人材育成担当者に求められる知識・技術・能力

区　分	知識・技術・能力	区　分	知識・技術・能力
方針策定	経営理念・方針を理解する 経営目標を把握する トップの教育方針を知る 年度計画の立案する 教育体系の策定・整備する 実行計画を立案する	実施運営	機械の操作ができる ＡＶ機器を操作できる 研修会の運営ができる 案内・通達文書を作成する 各種ゲーム訓練をインストラクションする 対象者の選定と実施案内を行う ラインの教育を支援する
企画立案	教育委員会を設置する 会社の組織を知る 会社の制度を知る 社内関係部署を知る 職場の状況を知る 教育の概要を知る 各種教育手法を活用する ＯＪＴ制度を策定する ＯＪＴマニュアルを作成する 自己啓発援助制度を作成する ニーズ調査ができる ニーズ調査の結果を分析する 研修会場を確保できる 講師を選別できる テキスト・教材を校正する レッスンプランを作成する 事例・ケースを作成する 教材を編集する 教育研修を企画する 教育計画を立案する 教育プログラムを設計する	事後調査フォロー	効果測定と評価を行う フォローアップの進め方を企画する アンケートを分析・集計できる 年度教育計画を評価・改善できる
		予算管理	年間予算を立案する 実績の集計方法を知る 費用の計算方法を知る 必要教材を選別できる
		環境体制作り	教育活動を社内にＰＲできる コミュニケーションを円滑に行う 社内報の原稿を作成する 外部団体を調査できる 他社情報を収集する 教育技法を活用できる 研修所の情報を把握している 講師情報を把握している トップや上司を説得できる 教育心理学を理解している 教育に関連した理論を知る 会議指導ができる 教育活動を記録できる

おわりに

　最後までお読みいただきまして、ありがとうございます。

　皆様が、自社内で「能力開発・教育体系」を設計し、教育を具体化することができることを目指して本書を執筆しました。「何とか自力で教育体系が作れそうだ」と実感いただけたら幸いです。

　いつの時代においても、人を育てることは難しいものです。企業間の競争激化やグローバル化の進展、個人の価値観や働き方の変化など、私たちを取り巻く環境は常に変化しています。このような時代に、人材育成はどうあるべきでしょうか。私自身、明確な答えは持ち合わせていません。しかし、不変の理は存在します。座右の銘としている本にこんな記述があります。一部を抜粋、変更して引用してみます。

　「人を育てる上で大切なことは、養鰻のコツと似ている。それはびりの稚魚の育て方にある。手慣れた養鰻家でも、つい成長の早い稚魚につられて失敗する。水面に盛り上がり盛り上がりおどり出る勢いにあわせて餌付けをしていると、発育の遅れた稚魚が押しつぶされ、池の底で大量に斃死していくのを見逃してしまう。（中略）養鰻の歩留まりは成長の遅い稚魚から目を離さず、これを根気よく育てることによって高くなる。人といっしょに仕事をしようとするとき、大切なのは遅れたものほど目をかけること。一人一人をおろそかにしないという姿勢。それなくして、いかにすぐれた方法や行き届いた制度を取り入れても、人が育つはずはない。」（『企業経営を成功させるには』浅野喜起著　有斐閣1988年より引用の上、一部を著者抜粋、変更して使用）

　人の成長を願い支援する仕事に就く者として、決して忘れてはならない大切にしたい言葉です。

　最後になりましたが、本書の刊行にあたり、日本能率協会マネジメントセンターの関係各位と、刊行の意義に共感いただき形にしてくれた出版事業本部の黒川出版部長、さまざまなご支援や協力をいただいた企業のご担当者様、そして家族サービスそっちのけでの原稿作りを見守ってくれた、愛する妻と家族に、心からの感謝を述べたいと思います。

参考文献

『企業内人材育成入門』中原淳他　ダイヤモンド社

『人材開発マネジメントブック』福澤英弘　日本経済新聞出版社

『人材育成論入門』川喜多喬　法政大学出版局

『人材育成原理』林伸二　白桃書房

『経験から学ぶ　人的資源管理』上林憲雄・厨子直之・森田雅也　有斐閣ブックス

『HPIの基本』ジョー・ウィルモア　ヒューマンバリュー

『事業革新への教育戦略』田中秀穂　日本経営協会総合研究所

『組織文化　経営文化　企業文化』梅澤正　同文館出版

『職能資格制度の設計と運用』池川勝　中央経済社

『職務分析・調査入門』日経連職務分析センター編　日本経団連出版

『目標管理と人事考課』元井弘　生産性出版

『等級制度の教科書』堀田達也　労務行政

『トータル人事制度の組立てと運用』楠田丘監修　斎藤清一著　産業労働出版協会

『社員教育・研修のノウハウ』梅島みよ　日本実業出版社

『人材育成ガイドブック』田中久夫・田島伸浩共著　日本経団連出版

『研修コースの企画と運営』鈴木伸一　日本経営協会総合研究所

『講師の選定から評価まで』正木勝秋　日本経営協会総合研究所

『目的別教育技法の展開』田島伸浩編　日本経営協会総合研究所

『教育体系設計マニュアル』金津健治　日経連広報部

『教育訓練技法』教育技法研究会編　経営書院

『OJT能力開発マニュアル』古屋由美子　ぱる出版

『人材育成OJT実践マニュアル』寺澤弘忠　ぱる出版

『インストラクショナルデザイン』島宗理　米田出版

『キャリアマネジメント』八木章　中央経済社

『入門　組織開発』中村和彦　光文社新書

著者紹介

海瀬　章（かいせ　あきら）

国際流通研究所主任コンサルタント
株式会社日本能率協会マネジメントセンター　パートナーコンサルタント
1972年社団法人日本能率協会入職。経営教育総合研究所にて多数の企業に対し、人事・教育分野の制度設計、教育調査・研究、研修企画を支援し、自らも研修講師を務める。1994年より株式会社日本能率協会マネジメントセンターHRM事業本部にて、企業への人事教育コンサルティングや若手コンサルタントの指導育成にあたる。現在も多くの企業で人事・教育分野のコンサルティングや講師を務めている。

市ノ川　一夫（いちのかわ　かずお）

株式会社JR東日本パーソネルサービス
HRD事業本部コンサルティング事業部マネージャー
1977年社団法人日本能率協会入職。教育事業部にてセミナー事業や通信教育事業の立ち上げに参画。87年横浜事務所所長、2000年株式会社日本能率協会マネジメントセンター経営教育総合研究所総合企画部長、2009年株式会社JR東日本パーソネルサービスにてHRDコンサルティング事業部担当部長を経て、現在、JR東日本グループ各社への研修企画、教育調査、教育制度設計および若手コンサルタントの指導育成にあたっている。

人事・教育担当者のための
能力開発・教育体系ハンドブック

2017年12月10日　　初版第1刷発行
2022年10月10日　　　　第4刷発行

著　　者——海瀬 章／市ノ川一夫　著
　　　　　　　　©2017　Akira Kaise, Kazuo Ichinokawa
発 行 者——張 士洛
発 行 所——日本能率協会マネジメントセンター
〒103-6009　東京都中央区日本橋2-7-1　東京日本橋タワー
TEL　03(6362)4339(編集)／03(6362)4558(販売)
FAX　03(3272)8128(編集)／03(3272)8127(販売)
https://www.jmam.co.jp/

装　　丁——IZUMIYA（岩泉卓屋）
本文DTP——株式会社明昌堂
印刷所——広研印刷株式会社
製本所——株式会社三森製本所

本書の内容の一部または全部を無断で複写複製（コピー）することは、
法律で認められた場合を除き、著作者および出版者の権利の侵害となり
ますので、あらかじめ小社あて許諾を求めてください。

ISBN 978-4-8207-2624-1 C2034
落丁・乱丁はおとりかえします。
PRINTED IN JAPAN

JMAMの本

『実践 人財開発
HRプロフェッショナルの仕事と未来』

下山 博志 著
A5判並製 256頁

人財開発の仕事を体系的に学び、これからどのように展開を図っていきたいかを考えていただくための1冊です。人財開発の仕事とは何かから、人財開発の「内製化」、全社的な視点で人財開発を推進する時の考え方や手法と具体的な事例、さらに人財開発の潮流に関する情報やAI、ロボット、AR、VRといった急激な進化をしている技術革新と人財開発の関係について、近年の事例や新たに開発されている技術についても述べています。

『講師・インストラクターハンドブック
効果的な学びをつくる参加者主体の研修デザイン』

中村 文子、ボブ・パイク 著
A5判並製 336頁

研修に携わる人にとって必須のスキルであるインストラクショナルデザイン、デリバリースキル、ファシリテーションスキル、効果測定を網羅した、効果的な学びを促す研修をデザイン、運営するノウハウをまとめた1冊です。